삶을 변화시키는
소그룹 인도법

윌로크릭교회 소그룹 이야기
삶을 변화시키는 소그룹 인도법

|빌 도나휴와 윌로크릭 소그룹 사역 부서 지음|
|김주성 옮김|

국제제자훈련원

Leading Life-Changing Small Groups - Revised

Copyright ⓒ 1996, 2002, 2012 by Bill Donahue and Willow Creek Association
Originally published in English under the title *Leading Life-Changing Small Groups,*
by The Zondervan Corporation L. L. C.,
501 Nelson Place, Nashville, TN 37214, U. S. A.
All rights reserved.

This Korean edition Copyright ⓒ 1997, 2004 by DMI Press, a division of SarangPlus, Republic of Korea.
Published by arrangement with The Zondervan Corporation L. L. C., a division of
HarperCollins Christian Publishing, Inc. through rMaeng2, Seoul, Republic of Korea.

이 한국어판의 저작권은 알맹2 에이전시를 통하여 Zondervan과 독점 계약한 (사)사랑플러스에 있습니다.
신저작권법에 의하여 한국 내에서 보호받는 저작물이므로 무단 전재와 무단 복제를 금합니다.

_ 감사의 글 _

이 책을 만들어내는 힘든 작업에 참여해 주신 모든 분들에게 감사한다. 특별히 데비 베이스, 신디 살라가, 저드슨 폴링, 토드 웬돌프에게 감사한다. 이분들의 헌신과 노력이 없었다면, 이렇게 소중한 자료가 나올 수 없었을 것이다.

그리고 짐 데스머, 존 월리스, 그레그 호킨스, 브레드 이스트맨, 마지 앤더슨 등의 리더십이 없었다면, 윌로크릭은 오늘날과 같은 소그룹 중심의 교회가 되지 못했을 것이다. 특히 윌로크릭에서의 러스 로빈슨의 리더십에 대해서, 그리고 그가 나의 파트너로 이 책의 편집과 수정을 도와준 것에 대해서 감사한다.

또한 생명을 낳는 효과적인 사역 모델을 제시해 준 칼 조지에게 감사 드린다. 하나님 나라에 기여한 그의 공로는 앞으로 여러 세대에 걸쳐 열매를 맺을 것이다.

빌 도나휴

● ● ● 차례 ● ● ●

감사의 글 ● 5
서문 ● 11
서론: 사람들을 섬기는 구조 ● 15

제1부 소그룹 사역철학

사명, 가치, 비전 ● 25
소그룹의 사명선언문과 사역철학 ● 25
온전히 헌신된 제자 양성 ● 30

구조 ● 36
소그룹의 구조 ● 36
전형적인 소그룹 ● 37
소그룹 부서 ● 39

소그룹에 관해 자주 묻는 질문들 ● 41
참고도서 ● 42

제2부 소그룹 리더십

성경적 리더십 ● 45
종으로 부르심 ● 45
소그룹 리더의 자격 ● 47
리더십 평가 ● 52
리더십의 동기 ● 53

리더십에 따르는 책임 ● 57
소그룹 리더의 언약 ● 57
소그룹 리더의 책임 ● 57

리더의 개인적 성장 ● 63
성경을 어떻게 공부할 것인가 ● 63
영적훈련 ● 66
리더의 기도 생활 ● 76
성령의 인도를 받는 리더십 ● 80

자료 ● 83
리더십에 관해 자주 묻는 질문들 ● 83
참고도서 ● 84

제3부 견습 리더 계발하기

견습 리더 계발 ● 89
견습 리더 찾아내기 ● 89
견습 리더 계발의 단계 ● 94
견습 리더의 네 가지 책임(4L) ● 96
견습 리더 훈련 ● 97

자료 ● 100
견습 리더 계발에 관해 자주 묻는 질문들 ● 100
참고도서 ● 101

제4부 그룹 생활

소그룹의 가치들 ● 105
소그룹의 핵심가치 ● 105
그룹 형성 ● 107

그룹의 목표 수립 ● 109
그룹 생활의 핵심 요소 ● 111
소그룹 안의 의사소통 ● 113
그룹 생활의 단계 ● 114
소그룹 언약 ● 116

자료
그룹 생활에 관해 자주 묻는 질문들 ● 120
참고도서 ● 121

제5부 모임 진행

준비 ● 125
모임 준비 ● 125
올바른 커리큘럼을 선택하고 사용하기 ● 131

역학관계 ● 137
구성원들의 역할 ● 137
학습 방법 ● 139
성격 – 우리는 모두 다르게 지어졌다 ● 140
구성원들의 은사 활용 돕기 ● 142

기술 ● 146
분위기 조성 및 모임 시작 ● 146
역동적인 토론 만들기 ● 154
그룹 기도 ● 162
갈등 해소 ● 167

관계 형성 ● 175
관계 형성 실습 ● 175
문제발생 시 해결을 위한 조언 ● 186

후속관리 ● 193
사역 피드백 얻기 ● 193

자료 ● 198
모임 진행에 관해 자주 묻는 질문들 ● 198
참고도서 ● 199

제6부 소그룹 목양

제자 삼기 ● 203
그룹 안에서의 제자훈련 ● 203
영적 성장 촉진하기 ● 204
목양 계획서 활용법 ● 206
목양 계획서 활용에 대한 제안과 설명 ● 208
구성원들을 격려하기 ● 209
목양 ● 212

위기관리 ● 215
위기를 만났을 때의 목양 ● 215

자료 ● 217
그룹 목양에 대해 자주 묻는 질문들 ● 217
참고도서 ● 218

제7부 사역의 배가

그룹의 양적 성장 ● 221
그룹의 배가 ● 221
탄생 ● 229
생일 ● 230
출산의 고통 줄이기 ● 231

탄생 후 후속관리 ● 232

자료 ● 233
사역 배가에 대해 자주 묻는 질문들 ● 233
추가 자료 ● 236

제8부 소그룹 시작하기

시작 ● 239
여덟 가지 핵심적 질문 ● 240
소그룹 사역의 단계적 실시 ● 247

소그룹 리더 훈련 ● 254
분산식 훈련 ● 254
교회 기반 훈련을 하기 전에 물어야 할 질문들 ● 256

소그룹 사역 평가 ● 262
소그룹 사역의 중간 점검 ● 262

자료 ● 266
소그룹 사역의 시작에 대해 자주 묻는 질문들 ● 266
참고도서 ● 267

_ 서문 _

 환영한다. 이 책은 소그룹 리더들이 소그룹 리더들을 위해 만든 책이다. 효과적이고 역동적인 소그룹을 인도하는 데 필요한 정보와 자료들을 담고 있으며, 이 매뉴얼에 따라 진행되는 소그룹에서는 삶의 변화가 예외적인 일이 아니라 일상이 될 것이다.

 이 책은 언제라도 당신이 필요한 정보를 쉽게 찾을 수 있도록 구성되어 있다. 또한 최대한 편하게 사용할 수 있도록 만들어졌다. 각 부는 자연스럽게 다음 부로 이어진다. 당신은 소그룹 멤버들이 완전히 그리스도께 헌신하게 될 때까지 이 책에 나오는 자료들을 거듭 참고하게 될 것이다.

 이 책의 구성

 이 책의 서론인 「사람들을 섬기는 구조」에서는 내가 활용해 본 결과 아주 성공적이었던 소그룹 전략의 기본 원리를 설명한다. 이 전략은 칼 조지(Carl George)의 메타교회 소그룹 모델을 참고한 것이다. 당신은 메타교회 모델이 어떻게 구성되어 있고, 어떻게 활용할 수 있고, 얼마나 효과적인지 알게 될 것이다. 이 서론은 뒤에 나오는 내용의 기초가 되므로 시간을 들여서 꼭 읽기 바란다.

제1부는 소그룹 사역을 성공적으로 이끌어 가는 성경적 원리와 가치들을 소개하며 시작된다. 리더가 가지고 있는 사역철학과 가치관은 사역으로 드러나게 되어 있다. 그리스도인의 공동체, 전도, 제자도, 그리스도의 몸 안에서의 소그룹의 역할 등에 대한 당신의 사역철학은 사역의 성과와 영향력을 결정한다. 제1부에서는 역동적인 사역을 일으키기 위해 리더에게 필요한 핵심가치와 사역철학에 대한 이야기를 나누자.

제2부는 소그룹 사역의 핵심인 리더십에 대한 내용이다. 훈련되고, 은사가 있고, 열정적인 리더들이야말로 멤버들이 그리스도께로 더욱 자라 갈 수 있게 하는 소그룹 사역의 기둥이다. 여기서 우리는 소그룹 리더의 영적 삶, 소그룹 리더의 업무, 작은 양 무리의 목자의 인격적 자질을 다룬다.

제3부는 소그룹의 멤버들을 리더로 훈련함으로써 소그룹을 배가하는 과정에 초점을 맞춘다. 리더십을 계발하는 것은 교역자들만 해야 하는 일이 아니다. 가능성 있는 멤버들을 찾아내고, 도전하고, 동기를 부여해서 삶을 변화시키는 소그룹의 리더로 길러내는 것이야말로 모든 소그룹 리더들의 특권이다.

제4부에서는 소그룹의 생명력과 그 생명력의 원천에 대해 이야기한다. 역동적인 소그룹을 만들기 위해서는 일단 비전과 핵심가치가 필요하다. 또한 소그룹 내에서 리더의 역할을 분명히 이해하고, 다른 가능성 있는 멤버들을 멘토링하며 리더로 길러내는 것이 필요하다. 4부에서는 그룹을 구성하고, 그룹의 비전과 핵심가치를 정하고 공유하며, 이것을 지키기로 멤버 간에 언약을 하는 것에 대해 다루고 있다.

제5부에서는 삶을 변화시키는 모임을 이끄는 데 필요한 기술과 자료들을 접하게 된다. 모임을 계획하고 좋은 질문들을 던지는 기술에서부터, 갈등을 해결하는

법, 관계 형성, 관계를 발전시키는 대화로 이끄는 법, 그룹이나 당신의 리더십에 대한 피드백을 얻는 방법 등을 배운다.

제6부에서는 리더가 목자가 될 수 있도록 돕는다. 당신은 목자이자 리더이다. 즉 소그룹에 비전과 방향을 제시하고, 멤버들이 그리스도를 닮아 가도록 격려하고, 멤버들이 하나님의 말씀을 이해하고 묵상하며 순종하도록 살아 있는 모임을 이끌어 내는 사람이다. 또한 리더는 멤버들이 영혼의 안식을 찾도록 도와주고, 그들의 필요를 위해 기도하고, 상처를 치료해 주고 돌보며 양육하는 환경을 만들기 위해 힘쓴다. 당신은 작은 양 무리의 목자로서 세심한 주의와 통찰력을 가져야 한다.

제7부는 사역을 배가시키는 데 대한 내용을 담고 있다. 당신은 하나님의 나라를 소그룹 너머로 확장시키고, 그리스도의 참된 공동체를 경험해 보지 못한 사람들에게 다가갈 수 있는 리더의 특권을 가지고 있다. 7부에서는 어떻게 다른 양들을 삶을 변화시키는 소그룹 양 무리 안으로 불러들일 것인지, 또한 어떻게 새내기 리더들이 스스로 그룹을 만들고 인도하도록 도울 것인지 배우게 될 것이다.

제8부는 소그룹을 시작하는 방법에 대해 이야기하게 될 것이며, 소그룹 사역의 효율성을 평가하는 방법을 배우게 될 것이다. 소그룹을 새롭게 시작하는 교회들이 여기에 나오는 과정과 절차들을 활용한다면 적지 않은 도움이 될 것이며, 이미 소그룹 사역을 하고 있는 교회라면 기존 사역의 수정과 보완을 통해 새로운 차원으로의 의미 있는 성장을 모색해 볼 수 있을 것이다.

자, 이제 일생일대의 모험을 시작해 보자. 이 모험은 예수 그리스도의 제자들을 생산하며, 서로에게, 또한 하나님 나라를 건설하는 데 헌신하는 소그룹 공동체를 만드는 일이다.

서론 : 사람들을 섬기는 구조

구조는 모든 사역의 성패를 가름하는 중요한 요소가 된다. 그리고 이것은 소그룹 사역에 있어서도 마찬가지이다. 사역이 살아 움직이려면 구조 전체의 비전과 열정이 하나로 모아져야 하는데, 그렇지 못할 경우에는 실패하게 되는 것이다. 그렇다면 지금의 구조가 사역에 도움이 되는지, 아니면 장애가 되는지 어떻게 알 수 있을까? 간단히 다음 질문에 답해 보자. 구조가 사람들을 섬기고 있는가, 아니면 사람들이 구조를 섬기고 있는가?

많은 조직들(혹은 많은 소그룹들)이 사람을 조직을 위한 소모품으로 만들어버리는 구조를 구축한다. 슬프게도 어떤 교회들은 성도들의 죄책감을 자극하거나 영적인 책임감을 들먹이는 식으로, 조직을 위해 봉사하라고 동기 부여한다. "만일 당신이 주일 학교 교사로 섬기지 않는다면, 우리 자녀들은 세상에서 육신의 쾌락만 좇으며, 목표와 방향감각을 잃은 채 표류하며 살게 될 것입니다!"라고 말이다.

소그룹 리더들도 비슷한 실수를 저지르게 된다. 리더들은 이렇게 소리친다. "저는 오늘 이 과를 인도하기 위해 7시간이나 준비했습니다. 그런데 여러분이 숙제들을 안 해 왔다니 얼마나 마음이 아픈지 모릅니다. 이제 제 모든 수고가 무슨 소용이 있겠습니까?" 이 말은 이렇게 해석할 수 있다. "나는 여러분들이 반드시 들어야 할 이 수업을 준비하기 위해 무척 애를 썼습니다. 내가 이렇게 준비했으니 여러분은 들어야 하지 않겠습니까? 여러분이 이 수업에서 맡아야 할 역할은 청중입니다. 만일 여러분이 그 역할에 충실하지 않는다면, 내가 어떻게 가르치는 사역을 계속하겠습니까?"

이러한 주장에는 일리도 있지만, 위의 두 가지 경우에는 사람들이 조직의 필요를 채우기 위해 존재한다고 전제하고 있다. 그러나 교회의 조직은 받은바 소명대로 사람들을 목양하고 제자화하기 위해 구성되어야 한다.

이 책에서 채택하고 수정 보완한 메타교회 모델은 교회 조직이 온전히 사람들을 계발하고 능력을 부여하기 위해 구성되어야 한다고 주장한다. 사람들을 충성된 그리스도의 종으로, 은사를 통해 열매 맺는 청지기로 키우기 원하는 리더라면, 이런 사역 구조가 자신의 리더십을 키워 주는 동시에 멤버들이 그리스도의 몸 안에서, 그리고 전 세계에서 효과적으로 사역하도록 도와준다는 사실을 알 수 있을 것이다.

메타교회 모델의 핵심 요소

'메타'(meta)라는 단어는 '변화'를 의미한다. 메타교회란 하나님 나라 확장의 방법을 변화시키는 교회이다. 메타교회는 셀 그룹을 중심으로 조직되며, 사람들은 셀 그룹을 통해 다른 사람들을 만나고, 믿음의 멘토링을 받고, 말씀의 진리를 이해하고 토론하고, 자신의 은사를 파악하며 사용하고, 서로 돌본다. 메타교회에 대해 더 알기 원한다면, 칼 조지의 『성장하는 미래교회 메타교회』(요단 역간)와 『열린 소그룹 닫힌 소그룹』(교회성장연구소 역간)을 참조하라.

● 돌봄의 범위

목회자 한 사람이 많은 사람을 맡아 제자훈련을 시키는 것은 불가능한 일이다. 세상 어디에도 80명, 200명, 500명을 한꺼번에 돌볼 만큼 대단한 능력을 가진 사람은 없다. 그렇다면 몇 명 정도까지 돌보는 것이 가장 좋을까? 우리는 1대 10의 비율을 추천한다. 즉 리더 한 사람이 최대 10명을 돌볼 수 있다는 말이다. 평신도 리더가 투자할 수 있는 시간은 제한되어 있다. 리더 한 명이 한 그룹에서 6~10명의 사람들을 목양하는 일은 쉽지는 않지만 가능하다.

교회가 커지다 보면 성도들을 개인적으로 목양하기가 힘들어지게 마련이다. 65명이 출석하는 작은 교회에서는 전임 교역자 한 명과 몇 명의 평신도 사역자들이 모든 성도들을 믿음 안에서 양육하고 이들의 개인적인 필요를 돌볼 수 있을 것이다. 그러나 65명이 30명을 전도해서 95명이 된다면, 더 많은 사람들이 사역을 나누어서 성도들을 돌보아야 할 것이다. 이 교회가 10개의 소그룹으로 나뉘어서 각 소그룹의 리더들이 성도들의 개인적인 필요를 채운다면, 이 교회는 더 생생하게 살아 움직일 것이다. 한 사람이 10명 이하를 맡아 돌보는 교회의 성도들은 개인적인 필요에 있어 만족감을 느낄 수 있다. 10명을 넘지 않게 돌보아야 하는 것은 전임 사역을 하는 교역자도 마찬가지다. 교역자는 소그룹 리더들을 훈련하고 목양하는 일과 사도행전 6장 4절 말씀처럼 "기도하는 것과 말씀 전하는 것"에 더욱 많은 시간을 할애해야 한다.

● 리더십 계발

헌신된 제자들을 헌신된 리더로 세우는 일은 쉽지 않지만 보람 있는 일이다. 이것이 어려운 이유는 이 일을 이루는 데에만 온전히 에너지를 집중해야 하고 또한 인내해야 하기 때문이다. 리더십 계발에 절박하게 집중하는 사람들은 많지 않다. 하지만 설교 준비, 찬양 연습, 교역자들 간의 갈등 해결, 건축 문제, 재정 위원회, 목회 상담, 또는 비판적인 성도를 만날 때 우리는 리더십을 계발해야 할 절박한 필요성을 느끼게 된다. 우리는 보다 훈련된 리더들이 필요하다는 것을 알지만, 리더십 계발은 항상 다음 주까지, 혹은 발등에 떨어진 불을 끌 때까지, 혹은 부속건물 공사가 끝날 때까지, 혹은 교역자들이 좀 시간이 날 때까지 연기된다. 다시 말해서, 리더십 계발은 절대로 이루어지지 않는다.

교회의 각종 모임과 소그룹 사역의 성패는 사람들을 돌볼 리더들을 찾아내고 양성하는 데 달려 있다. 리더십을 계발하지 않으면 교회는 죽는다. 메타교회 모델에서는 소그룹 리더와 교역자가 주도면밀하게 리더십 계발을 추진한다. 소그룹 리더들은 교역자의 목회 방향을 파악하고, 그의 도움을 받으면서 미래의 리더들을 찾아내어 소그룹 리더로 제자훈련 시킨다. 각 그룹은 한 사람의 리더와 최소한 한 사람 이상의 견습 리더, 그리고 열린 소그룹의 가치를 배우면서 리더십을 계발해 가는 다른 여러 사람들로 구성된다. 또한 메타교회 모델에서는 잠재력은 있지만 아직 공식적인 역할을 감당할 준비가 되지 않은 견습 리더들을 기존 리더들이 훈련시킬 것을 권장한다. 리더로 설 수 있다고 판단되는 사람들은 현재 활동하는 리더들로부터 견습 리더가 되라는 권유를 받게 되는 것이다.

교회 내의 모든 그룹 안에 이런 리더십 팀이 구성되어야 한다. 그래야 그룹 내에서 리더십을 공유하며 새로운 리더를 양성할 수 있고, 교회가 미래의 사역을 얼마나 중요하게 생각하는지 보여 줄 수 있다. 견습 리더나 리더 후보가 없는 소그룹은 안으로만 파고들어, 새로운 그룹을 탄생시킬 수 없다. 소그룹은 신생 리더들이 자신의 영적인 은사를 테스트해 보고, 피드백을 받고, 리더로부터 코치를 받고, 리더십을 계발할 수 있는 이상적인 곳이다.

● 그룹 배가

소그룹 리더들에게 그룹 배가에 대해 이야기해 보라. 아마 그들은 두려움에 가득 차서 "우리 팀을 나누지 마세요!"라고 외칠 것이다. 그러나 하나님의 나라는 한 생명씩 확장되게 되어 있다. 우리는 하나님의 나라를 확장하고 새로운 제자들을 모아서 사역을 배가시키라는 부르심을 받았다. 우리가 그룹에 '빈 의자'를 준비해 두는 것은 새신자나 구도자들이 편한 마음으로 자신에게 맞는 그룹을 찾을 수 있게 해 주는 것이다. 그리고 견습 리더를 철저하게 양성하는 것은 기존 그룹이 성장하여 언제라도 새 그룹을 탄생시키면 그 그룹을 인도하게 될 새 리더를 준비해 두는 것이다. 새 그룹에는 기존 그룹에서 쌓아 온 가치와 원리들이 그대로 전달될 것이다.

누구에게나 공동체를 체험할 공간이 필요하다. 새로운 사람들이 공동체 안에서 의미 있는 관계를 형성할 때, 삶에 변화가 일어나고 감동과 열정이 일어나는 것이다. 또는 그룹 안에서 서너 명 단위의 하위그룹이 자연스럽게 형성되기도 할 것이다. 그러면 그 하위그룹들은 다시 그들 안에서 리더를 세우고, 멤버의 수를 늘리고, 궁극적으로 나름의 건강한 그룹을 형성해, 본래 그룹에서 떨어져 나가게 될 것이다. 이런 과정은 공동체를 필요로 하는 모든 사람들이 작은 무리의 소그룹에 들어가서 성장하고 사역자가 되어 나가는 사이클에 따라 움직인다.

● 서로를 세워 주는 제자훈련

제자훈련은 그룹으로 진행하는 것이 가장 좋다. 예수님께서는 12제자 중 3명의 제자들과 특히 많은 시간을 보내면서 제자훈련 하셨다. 그룹 안에서 교육하고 사역을 경험하게 하는 것은 특별한 이점이 있다. 소그룹 환경에서 제자로 양육된 사람들은 다른 멤버들로부터 지혜와 분별력을 배울 수 있다. 그리고 자신의 은사를 안전하게, 그리고 다른 사람들의 격려를 받으며 사용할 수 있으며, 그 안에서 그들의 필요가 채워지고, 형제자매들의 기도를 받을 수 있다. 일대일 만남과 멘토링 역시 그룹 경험을 통해 더욱 강해지며, 리더 역시 제자훈련을 혼자서 감당해야 하는 책임을 덜게 된다. 이와 같이 우리가 "서로의 짐을 지며" 그리스도의 몸 안에서 상호의존적인 사역을 하게 되는 것이다.

신앙이 없던 사람들을 그리스도께 온전히 헌신된 제자로 바꾸는 것은 언제나 하나님과 교회의 최대 관심사였다. 예수님께서는 예수님처럼 말하고, 사랑하고, 섬기며, 사랑과 기쁨과 성령의 열매들을 더욱 풍성히 맺는 삶을 살라고 명령하셨다. 제자란 성경 지식이 더 많다든지, 집회에 더 자주 참석한다든지, 혹은 기독교 방송을 더 많이 듣는 사람이 아니다. 제자란 그리스도와 같은 행동을 하고, 그를 닮아가기 위해 기도와 예배, 성경 읽기와 공부, 공동체와 사역의 제반 영역에서 훈련받는 사람들이다. 그들은 평생 그리스도를 배우며 사랑하는 이들이다. 이와 같이 민감하게 사람들을 목양하여 성숙하게 하는 소그룹에서는 구성원들의 삶 속에 이런 열매들이 점점 더 많이 맺히게 될 것이다.

● 사역 간 협력

마치 한 장소에 모여 따로 일하는 선교단체들처럼 부서들이 제각각 사역하는 교회가 많이 있다. 시설이나 인적 자원, 재정, 기독교 정신 등을 공유하지만, 공동의 목적과 비전을 가지고 기관들 간에 실제로 동역하는 교회들을 찾기란 참으로 어렵다. 메타교회 모델은 부서 간 팀워크를 촉진하고 업무를 조화롭게 조정하는 '총체적 교회'이다. 교회의 모든 사역들이 소그룹을 통해 구조화되고 개발되었으므로, 이 모든 그룹들이 교회의 사명을 성취하기 위해 함께 기능하는 것은 필수적이다. 메타교회 모델에서는 교회의 전 사역(청소년 부서, 어린이 주일 학교, 성가대, 장년 사역, 해외 선교 등)이 소그룹 구조로 짜여져 있기 때문에 구조적으로 교회 전체가 동일한 전달 시스템을 공유한다.

예를 들어, 한 교회가 지역 사회를 그리스도께 인도하는 일에 목표를 두고 전 교인을 동원하고자 한다면, 설교나 가르침의 사역으로 권면하고 도전하기도 하지만 소그룹 안에서 전도 실습을 하고, 서로 기도로 후원하고, 동기를 부여하고, 새로운 사람들을 흡수할 수 있을 것이다. 교회 전체의 소그룹 리더들은 훈련, 피드백, 비전 제시, 기도를 위해 함께 모인다. 그들의 사역의 크기나 범위에 상관없이 각 리더가 지역 사회 전도를 위한 자신의 목표를 세우고 그것을 멤버들에게 설명한다. 이런 방법은 교인 수가 팔십 명이든, 팔백 명이든, 팔천 명이든 상관없이 효과적으로 활용될 수 있는 전략이다.

사역의 구조를 계획할 때 생각해 볼 질문들

1. 소그룹이 있는 교회를 세울 것인가, 소그룹을 위한 교회를 세울 것인가?
우리 각자는 이 질문에 명확하게 대답할 수 있어야 한다. 왜냐하면 그 대답이 앞으로의 사역을 결정하게 될 것이기 때문이다. '소그룹이 있는 교회'의 소그룹은 교회의 한 프로그램이나 한 부서일 뿐이며, 더 중요한 것을 위해 포기할 수 있는 사역이다.

그러나 작은 공동체를 통해 세워 나가는 목회를 선택한다면, 소그룹은 교회 전체로 확산될 것이다. 이러한 교회에서 소그룹은 목양과 훈련의 장이 된다. 따라서 소그룹은 그리스도의 몸 안에서 우리가 누리는 삶의 대부분이 될 것이다. 이것은 모든 교역자와 중직자들부터 소그룹 생활의 본이 되고 소그룹의 비전을 확장시키는 데 참여해야 한다는 의미이다. 소그룹 사역을 이끌어 나가는 것은 담당 교역자 한 명의 책임이 아니다.

2. 목양의 범위는 어느 정도인가?

사역 구조에 따라 성도들의 목양을 책임지는 주체는 달라질 수 있다. 담임 목회자가 그 주체일 수도 있고, 장로들일 수도 있고, 혹은 평신도 사역자일 수도 있다. 사역의 우선순위를 정하고 시간을 배정하라. 그리고 그 중 소그룹 사역에 사용할 인적 물적 자원을 배분하라. 그러나 이때 한 사람이 할 수 있는 일에는 한계가 있다는 사실을 기억하라. 모든 사람들을 잘 돌보아야 하되, 한 사람이 10명 이상을 감당하지 않아야 한다. 이에 따라 목양의 범위를 정하고 이 기준을 반드시 지키라.

3. 구조는 바뀔 수 있는가?

성도들의 필요, 출석 교인 숫자, 교회 시설, 교육의 우선순위, 전략 등의 변화는 필연적이다. 변화가 일어나고 있다면 교회의 구조 역시 바뀌어야 할 것이다. 사역이 경직되지 않도록 재정과 인력을 배분해야 한다. 소그룹 구조는 사역의 성장을 돕기 위한 것이지 사역을 방해하기 위한 것이 아니다.

4. 교역자들과 평신도 사역자들은 어떤 역할을 담당할 것인가?

교역자들이 감당하는 사역과 평신도 사역자들의 사역의 무게에 차별이 있는가? 교역자들의 사역이 성도들의 필요를 파악하고, 훈련하고, 계발하는 데 집중되어 있는가? 소그룹 구조는 성도들에게 성령의 능력을 덧입혀 주고 그들이 그 능력을 발휘하도록 돕기 위해 세워져야 한다. 평신도들을 사역자로 세워 놓고도 실제적으로 밀어 주지 않는 소그룹은 실패한다. 무장되지 않고 격려받지 못하는 평신도 사역자들은 탈진하여 사역을 포기하게 되기 때문이다. 올바른 사역철학으로 올바른 구조를 세운다면, 기대했던 결과를 얻을 수 있을 것이다.

메타교회 모델은 이러한 질문들에 명확한 대답을 제시하고 있다. 이 모델은 효과적이고 실제적인 사역 접근 방법이다. 그러나 이 전략에도 약점과 문제는 있다. 어디에나 적용할 수 있는 완전한 구조나 전략이란 존재하지 않는 법이니까. 그러나 이 전략에 대해 분명하고 자세하게 이해하게 되면, 이것의 강점을 취하고 약점들을 보충해 각 교회에 맞게 활용할 수 있을 것이다.

제1부

소그룹 사역철학

'철학'이라고 하면 어떤 사람들은 소크라테스, 플라톤, 칸트, 니체 등을 떠올릴 것이다. 또 어떤 사람들은 이런내용을 읽는 것이 시간낭비라고 생각해서, 그냥 건너뛰고 다음 과로 넘어가려 할 것이다. 하지만 성급히 판단하지 말라. 당신의 사역철학은 사역에 직접적인 영향을 끼친다. 소그룹 사역에서도 마찬가지이다. 소그룹 사역을 당신의 교회에 어떻게 접목할 수 있을지 알기 원한다면, 바로 여기서 도움을 받을 수 있을 것이다. 그리고 만일 당신이 소그룹 사역 책임자라면, 소그룹 사역에 대한 당신의 생각들을 확실하게 정리할 수 있을 것이다.

어떤 소그룹이든 명확한 비전과 핵심가치로 무장된 리더가 필요하다. 그리고 소그룹 조직의 전략이 필요하다. 소그룹의 조직을 구성하는 전략이 빈틈없이 세워져 있을 때, 삶을 변화시키는 사역이 교회 전체에서 끊임없이 이루어지게 된다.

이제 당신의 사명이 무엇인지, 당신이 어떤 제자들을 훈련하려 하는지, 당신이 개발하기 원하는 성경적 공동체는 무엇인지, 이 모든 것을 실행할 수 있는 구조는 어떤 것인지 유의하여 살펴보자. 일단 이것이 정립되어야 리더십의 쟁점과 자격들을 논할 수 있을 것이다. (『소그룹 중심의 교회 세우기』[Building a Church of Small Groups]에서 이 주제에 관한 더 많은 도움을 얻을 수 있을 것이다.)

사명, 가치, 비전

 소그룹의 사명선언문과 사역철학

사명선언문과 사역철학의 정립은 사역의 성패를 가름한다. 이것들은 정확한 항로로 항해하여 목적지에 도착할 수 있게 하는 항법장치와 같다. 다음 페이지에서는 윌로크릭교회의 '소그룹을 위한 사명선언문과 사역철학'을 소개하고 있다. 이것을 참고하여 당신 교회의 비전과 가치를 어떻게 정의할 것인지 생각해 보라.

윌로크릭교회 전체 사역의 일차적 사명은 신앙이 없는 사람들을 온전히 헌신된 그리스도의 제자로 세우는 것이다. 이 사명을 이루기 위해 윌로크릭에서는 여러 종류의 사역들이 이루어지고 있다. 주말 예배와 주중 예배, 그리고 여러 가지 세부 사역들이 이 한 가지 목표를 향해 달려간다. 윌로크릭에서는 소그룹이 사역의 핵심이기 때문에, 윌로크릭이 자신들의 일차적 사명을 어떻게 이루어 나가고 있는지 알려면 먼저 소그룹의 역할을 이해할 필요가 있다.

다음의 사명선언문은 윌로크릭 소그룹의 목적과, 이 그룹들이 어떻게 윌로크릭의 일차적 사명을 이루는지를 설명하고 있다. '왜 소그룹이 존재하는가?'와 '소그룹에서는 무엇을 하는가?'에 답하는 것이다. 사명선언문과 사역철학은 5가지 핵심가치를 중심으로 세워지는데, 윌로크릭은 이 핵심가치들에 따라 사역 구조와 방향을 결정하게 될 것이다. 이 5가지 신념은 성경에 근거한 것이며, 우리의 사역철학을 뒷받침하고 있다.

윌로크릭 사명선언문

윌로크릭교회는 지역사회에 다가가 전도하는 소그룹 공동체를 세운다. 성도들이 4~10명씩 공동의 목적을 위해 정기적으로 모이고, 정해진 리더가 그들을 인도하면서 공동체 안에서 영적으로 성숙할 수 있도록 보살펴, 그리스도께 온전히 헌신하도록 돕는다.

5가지 핵심가치

● 명령 : 영적 변화

교회의 머리이신 예수 그리스도께서는 그의 제자들이 그분을 닮기를 원하신다.

하나님께서는 그분의 이름을 부르는 자들이 그분을 닮기를 원하신다. 교회는 제자를 모으기 위해 존재하는 것이 아니라, 제자 아닌 사람을 제자로 변화시키기 위해 존재한다.

신앙생활은 우리의 활동을 통해 그리스도께서 우리를 변화시키시는 전 과정을 일컫는 말이다. 교회의 각종 프로그램이나 제반 사역들도 삶의 변화라는 그분의 목표 성취를 돕기 위해 기획되어야 하며, 이에 부합하지 않을 경우에는 버려야 한다.

교회가 존재하는 이유는 삶을 변화시키는 것인데, 우리는 '5G'를 통해 이것을 실현한다.

5G

- 은혜(Grace) : 그리스도의 구원 사역을 사명으로 받아 전함
- 성장(Growth) : 그리스도를 닮아 감
- 그룹(Group) : 다른 사람들과 의미 있는 관계를 맺음
- 은사(Gifts) : 영적 은사와 열정에 따라 그리스도의 몸을 섬김
- 선한 청지기의 삶(Good Stewardship) : 우리의 물질 중 교회에 드리는 것과 우리가 소유하는 것을 통해서 하나님을 영화롭게 함

● 방법 : 소그룹 공동체

소그룹은 예수님의 뜻인 모든 사람의 삶의 변화에 가장 적합한 환경을 제공한다.

소그룹은 일대일 관계를 포함해 여러 가지 의미 깊은 관계들을 맺을 수 있는 최적의 환경이다. 소그룹 사역을 통해 사람들을 연결시키는 것은 교회가 해도 되고 안 해도 되는 선택 사항이 아니라, 성장을 위한 필수 과정이다. 성도들이 서로 관계를 맺지 않는다면 교회에 겨우 출석할 뿐이지 주체적으로 교회 생활에 참여할 수 없다.

하나님 안에서 서로 사랑하는 소그룹 구성원들은 그리스도께서 약속하신 풍성한 삶을 깊게 체험할 수 있다. 이 사랑은 사람들을 놀랍게 변화시킴으로써 그리스도의 능력을 드러낸다. 교회 안에 영적 성숙이라는 목표에 부합하지 않는 소그룹이 있다면, 그곳은 그저 그리스도인들의 모임일 뿐 구성원들을 성장하게 하는 소그룹은 아니다.

성도들의 개인적 필요나 교회 전체의 특수성 때문에 한 교회 안에도 다양한 소그룹이 존재하게 된다. 성도들은 제자훈련, 업무, 양육, 크리스천 12단계(알코올 의존증이나 마약 중독 등의 치료를 목적으로 하는 그룹 프로그램), 상담 등의 주제를 가진 다양한 그룹 안에서 그리스도의 형상으로 성장하고, 서로 돌아보고, 영향력

을 끼치게 된다. 그러나 소그룹이 없는 교회는 남을 섬기고 스스로도 성장하기 원하는 성도들의 요구를 충족시켜 줄 수 없다.

● 동원 : 평신도 지도자

성도들의 삶을 변화시키는 과정에서 가장 큰 영향력을 행사하는 사람은 소그룹의 리더이다.

교회가 가장 우선적으로 리더십을 계발해 주어야 할 대상은 평신도 지도자, 즉 소그룹 리더들이다. 교회는 소그룹 리더가 효과적으로 사역할 수 있도록 최고의 자원들을 투자해야 한다.

아무런 지원을 받지 않고도 사역할 수 있는 소그룹 리더는 없다. 리더들은 다른 그룹의 리더들과 정기적으로 만나서 서로 격려하고 서로의 삶을 점검해 줄 필요가 있다. 또한 목회자들은 리더들이 그룹을 이끌어 나가는 데 필요로 하는 기술을 훈련시켜야 하고(기술 훈련), 그들이 하고 있는 사역의 목적과 목표를 상기시켜 주어야 한다(비전 제시). 리더십은 교회의 업무를 돕는 평신도 팀이든, 청소년 팀이든, 부부 소그룹이든 동일하게 필요하다.

그리고 소그룹 리더들을 점검해 주는 코치가 필요하다. 이들은 소그룹 리더들을 격려하고 생활을 점검해 준다. 코치들이 리더들을 돌볼 때에도 역시 적정한 범위를 지켜야 한다. 1명의 코치 당 4, 5명의 리더가 적절할 것이다. 이러한 구조가 교회 전체적으로 구축되어서 모든 사람이 누군가로부터 돌봄을 받아야 한다.

리더들이 구성원들을 돌보는 최종 목표는 그들의 삶의 변화이다. 이것은 구성원들이 배우고 서로 사랑하고 자신의 자원을 남을 위해 사용함으로써 그리스도의 성품으로 자라게 하는 것을 의미한다. 그러나 또한 리더들은 그룹의 양적 성장에도 힘써서 궁극적으로 새로운 그룹을 탄생시켜야 한다. (단, 특별한 목적을 가지고 만들어진 소그룹 중에는 외부인의 참여를 독려하기 힘든 곳도 있다.) 리더들은 견습 리더를 발굴하고 훈련하고, 새로운 그룹의 탄생을 계획하여 소그룹의 영적, 양적 성장을 도모하는 사람들이다.

● 배가 : 돌봄의 범위

그룹은 확장하고 배가해서 결국 모든 성도들이 서로 연결될 수 있게 해야 한다.

소그룹은 그 그룹 자체만을 위해 존재하지 않는다. 그리스도를 닮은 사람들은 남을 위한 삶을 산다. 그들은 그룹 밖에 있는 사람들도 풍성한 삶을 경험할 수 있도록 소그룹에 참여시키기를 원한다. 그러므로 소그룹들은 성장과 재생산에 대한 적합한 전략을 세워서, 결과적으로 지역 교회의 모든 성도들이 어떤 종류의 그룹을 통해서든 다른 사람들과 연결될 수 있게 해야 한다. 따라서 모든 그룹에는 새로운 리더들을 양성하는 견습생 제도가 있어야 한다. 그래서 자라나는 리더들이 지속적으로 현장 경험을 쌓고, 준비되는 대로 또 다른 소그룹을 인도할 수 있게 해줘야 한다.

그룹이 너무 커지면 리더가 멤버 개개인에게 충분한 관심을 기울일 수가 없다. 소그룹은 리더 1명 당 멤버 10명의 비율을 항상 유지해야 한다. 따라서 멤버가 10명이 넘는 그룹으로 성장하면 새로운 그룹을 낳아야 한다.

소그룹 리더십의 성과는 새롭게 낳은 그룹들의 생명력을 통해 검증된다. 궁극적인 목표는 단지 새로운 그룹을 만들어내는 것이 아니고, 건강하고 삶의 변화를 일으키는 그룹을 낳는 것이다. 새로운 그룹이 마침내 또 다른 새로운 그룹을 낳았을 때, 비로소 본 그룹의 리더십이 효과적으로 발휘되었음을 알 수 있다. 본 그룹을 이끄는 최상위 리더는 자신이 인도한 그룹이 새로운 그룹들을 탄생시켜서, 그 그룹들이 또 다른 새로운 그룹들을 탄생시킨 역사의 장본인이다. 다시 말해 최상위 리더가 되려면 손자손녀 그룹이 탄생해야 한다.

● 방법 : 기도하고 축하하라

효과적인 사역은 기도와 축제의 분위기 속에서 일어난다.

하나님은 주권자이시다. 그리고 그분의 주권으로 기도하라고 명령하셨다. 위대한 사역은 위대한 기도로 이루어진다. 성도들이 하늘에 계신 아버지께 기도하며 구할 때 받고, 두드릴 때 열린다. 리더들은 예수님께서 기도하신 것처럼 공중 앞에서나 개인적으로, 진실하고 강력하게, 구체적이고 지속적으로 기도해야 한다. 사역에 하나님의 축복이 임하길 원한다면 기도를 통해 하나님의 임재를 간구해야 한다.

하나님의 역사를 목도하고, 나누고, 귀하게 여기고, 같이 기뻐하라. 사역에 관련된 모임은 축제가 되어야 한다.

리더십이 성공하면 공적으로나 개인적으로 함께 기뻐해야 한다. 소그룹 모임뿐 아니라 대중이 모여서 하나님께 예배하고, 말씀을 듣고, 소그룹 안에서 하나님께서 하신 일을 간증하는 자리를 마련해야 한다. 소그룹 안에서 일어나는 일이 집회에 영향을 미치고, 또 집회에서 받은 은혜가 소그룹 모임에도 영향을 미치게 된다.

 온전히 헌신된 제자 양성

소그룹의 궁극적인 목표는 사람들이 그리스도와 더 풍성한 관계를 맺고 그분의 형상을 닮아 가도록 이끄는 것이다. 이렇게 말하면 사람들은 "그리스도를 닮는다는 것이 무슨 뜻입니까?"라고 질문하곤 한다. 따라서 지역 교회 안에서 그리스도의 제자가 되는 것에 대한 우리의 정의를 아래에 정리해 보았다. 이것을 읽고 난 후, 당신의 교회에서 어떻게 그리스도의 제자들을 훈련할 것인지 생각해 보라.

제자란 무엇인가?

● 제자란 예수님의 견습생이다.

윌로크릭은 제자도를 '그리스도께서 내가 있는 곳에 계셨다면 하셨을 법한 그대로 행하는 것'이라고 정의한다. 광범위한 의미로, 제자도란 삶의 변화와 지속적인 성령에의 순복을 의미한다.

지역 교회 안에서 제자는 어떤 기능을 하는가?

제자란 무엇인가를 정의해 보았다면, 이제 지역 교회 안팎에서 제자가 감당해야 할 역할을 생각해 보자. 어떤 사람이 지역 교회에서 그리스도의 제자로서의 삶을 살기 원한다면, 그는 지역 교회의 몸인 지체로서 기능해야 한다. 윌로크릭교회에서는 제자들이 지역 교회 안에서 은혜, 성장, 그룹, 은사, 선한 청지기의 삶 등 5가지 분야를 계발해야 한다고 권면한다. 이것은 윌로크릭의 장로들이 정한 사항이다.

● 은혜(Grace)

그리스도의 제자들은 그리스도의 구원의 은혜를 이해하고 개인적으로 받아들인 사람들이다. 그들은 자신의 행위를 통해 구원받고자 하는 모든 의지를 버렸으며, 오직 자신을 위한 그리스도의 희생의 죽음을 통해서 평안을 찾은 사람들이다. 그들은 그리스도께서 명령하신 대로 물로 세례를 받음으로써 내적으로 정결해지고, 그분 안에서 새롭게 되었음을 외적으로 증거하는 사람들이다. 또한 그리스도의 제자들은 자신이 받은 은혜를 전하기 위해 지역, 국가, 세계를 향한 교회 사역에 적극적으로 참여한다.

● 성장(Growth)

그리스도의 제자들은 그들을 구원한 하나님의 은혜의 역사는 시작에 불과하다는 것을 안다. 그들은 그리스도 안에서 평생토록 영적으로 성장하고 적극적으로 그분의 형상을 닮아 가기 위해 노력함으로써 구원받은 은혜에 감사한다. 따라서 기도, 예배, 성경공부 등을 통해 일관성 있게 그들의 영적 성장을 추구한다. 그들은 성경의 절대적 권위를 인정하고 성경에 전적으로 순종한다. 그리스도의 제자들은 자신의 죄를 정직하게 인정하며 죄에서 돌이키는 일에 성령의 능력을 의지한다.

● 그룹(Group)

그리스도의 제자들은 그리스도의 모습을 닮고, 사랑을 주고받고, 사역을 수행하기 위해 공동체에 참여하라는 하나님의 명령에 순종한다. 이런 이유로 그들은 예배, 설교, 성찬식 등을 위해 공예배에 출석하는 것을 우선순위에 두며, 서로 격려하고 지원하고 생활을 점검해 주기 위해 소그룹에 소속된다.

그리스도의 제자들은 또한
- 가정, 교회, 직장에서 그리스도의 영광을 위해 살며, 갈등이 일어나면 성경적으로 화해하기 위해 헌신한다.
- 교회의 리더들을 지지하며 성경적으로 순종한다.
- 성경의 기본 진리(우리 교회의 신앙고백대로)를 믿고 따르며 분쟁을 조장하는 교리를 멀리한다.

● 은사(Gifts)

그리스도의 제자들은 교회가 서로 세워 줘야 할 수많은 지체들로 구성되어 있으며, 몸을 세우고 교회의 사역을 이루기 위해 성령께서 각자에게 고유하게 주신 은사가 있음을 믿는다. 그래서 하나님께서 주신 은사들을 찾아 계발하고 사용하기를 원하며, 다른 성도들의 도움과 점검의 과정을 거쳐 사역 분야를 찾는다.

● 선한 청지기의 삶(Good Stewardship)

그리스도의 제자들은 자신이 그리스도의 피로 사신 바 되었으며 그들이 가진 모든 것과 그들 자신도 전적으로 그리스도의 소유라는 것을 믿는다.

따라서 그들은 하나님께서 그들에게 위임하신 물질적인 자원을 충성스럽게 관리하기 위해 노력한다. 그들은 성경에서 십일조를 헌금의 기준으로 제시하였음을 인정한다. 뿐만 아니라 그것을 넘어서, 그리스도께서 우리에게 풍성하게 주셨기 때문에 주인이신 그리스도께 점점 더 풍성히 드리며, 후함과 즐겨 내는 마음으로 교회가 궁핍한 세상에 긍휼로 다가가는 사역을 지원한다.

소그룹의 비전

윌로크릭 소그룹 사역의 비전:
아무도 혼자 서 있게 하지 않는 교회가 된다.

윌로크릭은 누구에게나 언제나 열려 있는 공동체들로 이루어진 교회가 되기 원한다. 우리는 그리스도의 몸이요, 하나님의 가족이요, 그리스도와 그분의 뜻에 헌신한 제자들의 공동체이다. 이 '공동체'가 무엇이며 왜 교회 전체가 작은 공동체들로 이뤄져야 하는지 살펴보자.

신약에 나타난 소그룹

공동체 개념은 신약 전체를 통해 면면히 흐르는 주제 중 하나이다. 하나님께서는 언제나 그분을 위해 사람들을 불러내셨다. 처음에는 이스라엘을 불러내셨고, 이제는 교회를 그렇게 부르신다. 유대인들은 타국에서 포로 생활을 하면서도 있는 그곳에서 소그룹으로 모였으며, 회당을 만들곤 했다. 그곳에서 그들은 서로 섬겼으며, 신앙을 지켰다. 예수께서도 자신을 따르는 이들을 위해 공동체를 만드셨고, 바울과 베드로, 그리고 그 외의 교회 개척자들도 복음을 전하는 곳마다 새로운 공동체를 시작했다. 이런 공동체들은 처음에는 소그룹으로 시작되었으며, 그것은 예수께서 12제자와 더불어 시작하신 공동체의 형태를 따른 것이다(막 3:14; 눅 16:12~19).

초대 교회 역시 소그룹으로 이루어져 있었다. 소그룹들은 작았기 때문에 그 안에서 지체들이 서로 섬기고 영적 은사를 사용하고 그리스도의 가르침으로 제자화될 수 있었다. 뿐만 아니라 그 소그룹들에는 생명력이 넘쳐서, 밖에 있는 사람들이 볼 때 사랑과 긍휼이 삶 가운데 실현되는 생명을 전달하는 공동체였던 것이다. 소그룹들은 성경적 공동체의 첫 번째 산 예가 되어 교회를 세웠을 뿐 아니라, 그 자체가 잃어버린 세계에 그리스도를 전하는 매개가 되었다.

성경적 공동체란 무엇인가?

공동체를 정의하는 것은 어쩌면 공동체 생활을 하는 것보다도 어려울 수 있다. 그래서 단순하고 실제적이면서 광의적인 정의를 내려 보겠다.

성경적 공동체의 정의

"기독교 공동체는 그리스도의 삶과 교훈을 따라 살며 서로를 세워 주고 하나님의 영광을 위해 세상을 구속하는 그리스도의 몸이다."

오순절에 시작된 새로운 공동체는 즉시 소그룹으로서의 기능을 발휘하기 시작했다. 이 그룹들은 마음을 다해 사도들의 가르침을 받고 교제, 성만찬, 기도에 힘썼다. 이 공동체들의 특징은 구제, 섬김, 전도 등이었다.

소그룹은 속한 지체들이 서로에게 사역하는 곳이다. 각 사람은 몸 안에 있는 다른 지체들을 섬기기 위해 영적 은사들을 사용한다. 서로를 섬기는 모습은 그리스도를 따르는 공동체와 소그룹의 상징이다. 소그룹은 구성원들이 모여 교제하고 서로 도움으로써 교회가 지역 사회에 영향력을 미칠 수 있게 한다. 지체 간에 격려하고 세워 줌으로써 그리스도의 몸 된 교회를 돌아보고, 나아가 세상이 그들의 선한 행실을 보고 변화되게 한다.

　소그룹이 존재하는 이유는 진리를 가르치고 미래의 리더들을 개발하여, 장차 그들이 다른 사람들을 목양하고 믿음 안에서 제자로 훈련하게 하기 위한 것이다. 이 목적을 위하여 각 리더나 코치는 견습 리더와 코치들을 두고, 그들이 성장하여 더 큰 책임과 리더십을 감당할 수 있게 한다.

구조

 소그룹의 구조

소그룹은 여러 가지 유형으로 개발되어 왔는데 이는 성도들의 필요와 성숙도가 변해 왔기 때문이다. 결혼 여부, 연령, 사역, 봉사 파트, 개인적 필요, 인생 단계 등의 공통점을 기반으로 그룹을 이루는 것이 일반적이다. 각 그룹마다 자율성과 개성을 인정하지만, 아래에 열거된 5가지 유형 중 하나에 속한다고 볼 수 있다.

	연령/인생 단계	필요	업무	흥미
그룹의 예	부부 그룹, 가정 그룹, 남성 그룹, 독신 그룹, 여성 그룹	이혼 회복 그룹, 위로 그룹, 낙태 경험 그룹	푸드뱅크, 예배 안내 찬양팀, 선교팀	스포츠, 컴퓨터, 구도자, 오토바이 운전자 그룹
커리큘럼	리더/그룹이 선택	담당 교역자가 선택	리더/그룹이 선택	리더/그룹이 선택
그룹의 일반적 수명	2, 3년 : 더 장기간 지속될 수 있다.	보통 9주 : 반복될 수 있다.	업무가 지속되는 한	1, 2년 : 더 장기간 지속될 수 있다
모임 빈도	월 2, 3회	매주	매주	월 2회
개방성	언제나 열려 있다.	세 번째 주부터 닫힌다.	업무의 성격에 따라 다르다.	언제나 열려 있다.
구도자 참여	환영한다.	환영한다.	환영한다(교역자 팀, 당회 등은 예외).	환영한다.
모임의 목적	공동체, 성경공부, 기도	치료, 위로, 관계	봉사, 공동체, 기도	관계, 공동체, 성경공부
리더의 역할	사람들을 공동체 및 5G에 연결시킨다.	위기를 극복할 수 있는 안전한 장소 제공	업무 및 멤버 관리	사람들을 공동체 및 5G에 연결시킨다
새 그룹 탄생 빈도	견습 리더가 준비되어 있다면, 보통 24개월에 1번	보통은 없다. 그룹 존속 기간이 단 9개 월이다.	업무상의 필요와 견습 리더의 준비에 따라	견습 리더가 준비되어 다면, 보통 24개월에 1회
견습 리더	있다.	있다.	있다.	있다.

전형적인 소그룹

서문에서 밝힌 대로 윌로크릭교회에서는 칼 조지 박사가 개발하고 그의 책『성장하는 미래교회 메타교회』에서 기술한 소그룹 모델을 사용한다. 위의 그림은 메타교회 모델에 따른 전형적인 소그룹 형태를 표현하고 있다. 물론 모든 그룹이 위의 형태를 따르는 것은 아니다. 각 교회는 사역의 특성과 성도들의 필요에 따라 위의 모델을 여러 가지로 변형해서 사용할 수 있다. 단, 위의 모델은 성인 소그룹이

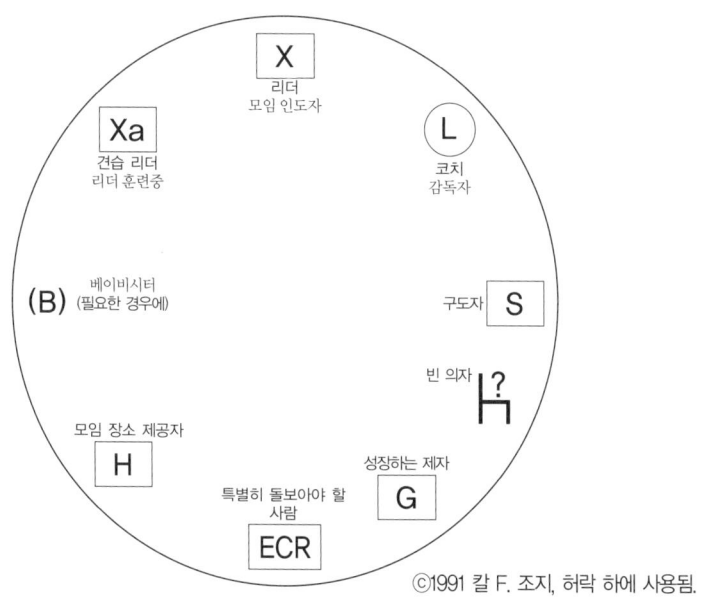

ⓒ1991 칼 F. 조지, 허락 하에 사용됨.

어떠해야 하는지에 대한 일반적인 예시인데, 바로 새로운 멤버들이 언제라도 앉을 수 있는 빈 의자를 마련해 두는 한편 견습 리더들을 양성해 나가는 모델이다.

칼 조지는 아래와 같이 소그룹 구성원들의 역할을 상징하는 이니셜을 사용했다.

각기 다른 교회에서 섬기는 사람들이라 할지라도 소그룹 사역에 대해 나눌 때 공통 용어를 사용할 수 있도록 한 것이다. 그렇지만 각 교회마다 이미 소그룹 내에서의 역할을 설명하는 나름대로의 이름을 사용하고 있다. 예를 들면 10명 이내의 멤버를 관리하는 'X'를 소그룹 리더라고 부른다든지, 5개의 소그룹을 관리하며 최대 50명까지 돌보는 'L'은 코치라고 부를 수 있다. 각 용어의 정의를 공부하면서 위의 그림을 참고하라.

X __ 최대 10명(로마자 X)까지 인도하는 소그룹 리더이다. 10명은 보통 한 소그룹을 맡은 리더가 교회에서 돌볼 수 있는 최대 범위이다.

Xa __ 견습 리더이다. 견습 리더는 역량 있는 리더가 인도하는 소그룹에 참여하여 리더십을 배운다. 그 외의 견습생들(RXa)도 그룹 안에 있을 수 있다.

B __ 베이비시터이다. 소그룹 구성원 중에 자녀가 있는 사람들이 있을 경우 모임 시간에 어린이들을 돌봐 줄 베이비시터가 필요하다.

H __ 호스트(돌아가며 맡을 수도 있다)는 편안한 소그룹 환경을 제공한다.

ECR __ 특별히 돌보아야 할 사람(Extra Care Required)이다. 소그룹에 속한 누구라도 한 번 이상 다른 이들의 특별한 관심이 필요한 처지에 놓일 수 있다. 가정환경, 과거의 경험, 또는 현재의 어려운 상황 등으로 인해 여기에 해당하게 된 사람들은 하나님과 다른 구성원들로부터 특별한 사랑과 관심을 받아야 한다. 어느 그룹이라도 한두 명의 ECR 해당자들이 있게 마련이다.

G __ 소그룹 안에서 성장하고 있는 제자들을 나타낸다.

빈 의자__비어 있는 의자 그림은 교회가 새로운 사람들을 소그룹 구조 속으로 흡수하려 한다는 소망을 표현하고 있다. 소그룹은 기회가 될 때마다 제자훈련이나 돌봄을 필요로 하는 새로운 멤버들을 초청하고 흡수해야 한다.

S__구도자들을 받아들일 준비가 되어 있는 소그룹들이 있다. 구도자가 들어올 경우에는 그룹의 리더와 구성원 전체가 그의 필요와 영적인 성숙도에 민감해야 한다.

L__코치이다. 코치들은 보통 3~5개 정도의 소그룹을 관장하며, 최대 50명으로 구성되는 소그룹 구조를 책임진다. 이들은 때때로 소그룹을 방문해서 격려와 지원을 해 주고 문제를 해결해 주거나 위해서 기도해 주는 역할을 감당한다.

소그룹 부서

소그룹 리더나 코치들 역시 혼자 사역할 수 없다. 소그룹 구조 안에서는 다른 사람들을 돌보는 사람들 역시 돌봄을 받을 수 있다. 이것을 '부서'라고 한다. 장애인, 주일 학교, 목양 등 교회의 각 사역 영역은 부서로 나뉘어 있다. 윌로크릭의 경우 각 부서는 담당 교역자가 관리하는데, 부서 리더는 그 부서에서 코치와 소그룹 리더로 섬기는 평신도 사역자들을 돌보고 지원한다. 하지만 어떤 부서는 평신도 사역자들이 부서 리더로 섬기기도 한다. 또 부서 리더들은 코치들을 지원하는 선임 코치로서의 역할을 하기도 한다.

아래의 도표는 소그룹 리더와 코치들이 효과적으로 사역할 수 있도록 지원하는 구조를 설명하고 있다. 각 소그룹 리더에게는 그들을 지원하는 코치가 있다. 각각의 코치에게는 그들을 지원하는 부서 리더가 있다. 큰 교회에서는 부서 리더를 지원하는 사역 디렉터가 있다. 한 명의 코치가 소그룹 5개를 초과하여 담당하지 않고, 한 명의 부서 리더가 10명의 코치를 초과하지 않고 돌보는 것이 이상적이다.

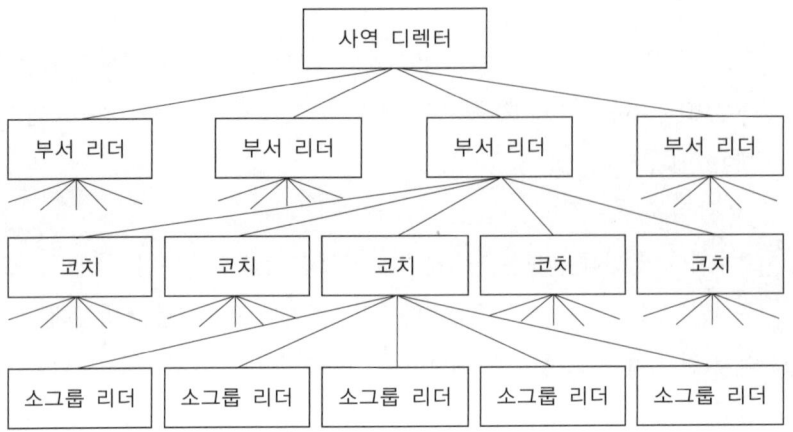

소그룹에 관해 자주 묻는 질문들

Q__왜 이 소그룹 모델을 사용하는가?

A__이 모델은 교회의 핵심적인 필요들을 채워 준다. 즉 윌로크릭같은 대형 교회에서도 효과적으로 목양과 제자훈련을 하고, 새가족들을 흡수하여 교회에 연결시키고, 평신도 리더들을 양성하여 사역할 수 있게 하고, 그리스도 안에서 서로를 세워 주도록 작은 공동체들을 창조하여 사도행전 2장의 '바로 그 교회'가 되게 한다.

Q__이 구조에서 가장 중요한 사람은 누구인가?

A__각자의 개인적인 필요에 따라 다를 수 있다. 예를 들면, 청소년 자녀를 둔 부모에게 가장 중요한 사람은 중고등부 교사일 것이다. 특별한 상담이 필요한 사람에게는 상담자가 가장 중요할 것이다. 오히려 누구를 전략적으로 중요하게 세워야 하느냐고 묻는 편이 나을 것이다. 이런 경우에는, 소그룹 구성원들을 목양하고 장래의 리더들을 계발함으로써 사명을 효과적으로 수행하는 소그룹 리더와 코치들이 답일 것이다. 이들은 성도들의 삶에 변화를 일으키는 사역의 최전방 요원들이며, 가장 장기간 가장 많은 사람들에게 영향을 미칠 수 있는 최대의 기회를 가진 사람들이다.

Q_ 가장 우선적으로 생각해야 할 것은 제자훈련인가, 아니면 양육인가?
A_ 두 가지 모두 중요하다. 우리는 사람들을 제자화하기 원한다. 즉 성경을 가르치고, 영적 훈련을 받게 돕고, 기독교 신앙을 이해하게 하고, 또 다른 사람들을 제자 삼도록 돕기 원한다. 그러나 또한 우리는 사람들을 돌봐야 한다. 즉 기도해 주고, 격려해 주고, 인정해 주고, 받아 주어야 한다. 그리하여 대사명(모든 족속으로 제자 삼는 것, 마 28:18~20)과 대명령(서로 사랑하는 것, 요 13:34, 35)을 모두 성취해야 한다. 완전한 목양은 양육과 제자훈련 양자를 포함한다.

 참고도서

『소그룹 중심의 교회를 세우라』, 빌 도나휴 · 러스 로빈슨 공저, 국제제자훈련원 출간 예정

『소그룹 사역을 망치는 7가지 실수』, 빌 도나휴 · 러스 로빈슨 공저, 국제제자훈련원

『비전있는 지도자 비전있는 사역』, 조지 바나, 죠이선교회출판부

『성장하는 미래교회 메타교회』, 칼 조지, 요단

제2부

소그룹 리더십

윌로크릭에서는 "리더십이 승패를 가름한다"고 말한다. 이것은 리더들을 불필요하게 추켜세워 주려는 것이 아니다. 왜냐하면 리더들은 종일 뿐이기 때문이다. 그러나 우리가 성경과 경험을 통해서 아는 것은, 하나님으로부터 영감을 받은 리더가 하나님의 뜻을 위해 사람들을 모으고 이끌며 격려하지 않아도 저절로 움직이는 사역은 없다는 것이다. 아브라함, 드보라, 다윗, 베드로, 바울, 뵈뵈와 같은 수많은 성경의 인물들을 보라. 하나님께서 리더들을 통해 사람들을 목양하고 움직이심으로써 역사하시는 것을 볼 수 있다.

소그룹에는 부름 받고 자격을 갖춘 리더들이 필요하다. 제2부는 리더십에 관련된 놀라운 특권과 아울러 리더들의 책임까지 이해하는 시간이 될 것이다. 그리고 우리는 소그룹 리더가 누구이며, 리더의 사역은 어떤 것이며, 어떻게 '셀프 리더십'을 발휘하여 스스로 성장하고 효과적인 사역을 할 것인지 이야기해 볼 것이다. 자, 모험을 시작하자!

성경적 리더십

 종으로 부르심

성경에서 리더십을 특징 짓는 단어는 사역과 봉사이다. 기쁨으로 섬기지 않는 사람은 리더가 될 수 없다. 예수님께서는 "인자의 온 것은 섬김을 받으려 함이 아니라 도리어 섬기려 하고 자기 목숨을 많은 사람의 대속물로 주려 함이니라"(막 10 : 45)라는 말씀을 리더십의 기준으로 세우셨다.

근래 교회 내의 리더십조차 리더십의 조직적 측면을 강조하는 기업이나 정치 모델을 따르는 것을 종종 볼 수 있다. 그러나 성경은 리더십에 대해 완전히 다른 관점을 제시한다. 리더는 양 무리를 안내하고 섬기며, 돌보고 계발시켜 주는 목자이다. 리더들은 종으로서 수건을 허리에 두르고(요 13 : 1~17) 그리스도의 리더십을 본받는다. 성경에서 정의한 리더십의 특징은 다음과 같다.

● **리더는 목양한다**

어떤 사람들은 리더십의 은사를 받았고, 어떤 사람들은 가르치는 은사를 받았고, 어떤 사람들은 긍휼의 은사와 분별의 은사를 받았다. 그러나 어떤 은사를 받았는지에 상관없이, 모든 소그룹 리더들은 목자로서 기능한다. 예수님께서도 자신을 양 무리의 건강에 지대한 관심을 갖는 선한 목자라고 칭하시며, 자신의 사역의 특징을 "나는 선한 목자라 내가 내 양을 알고 양도 나를 아는 것"(요 10 : 14)이라고 말씀하셨다. 양들이 사역에 참여할 때가 되자 예수님께서는 그들을 그룹(마태복음 10장의 12사도들)으로, 혹은 짝(눅 10 : 1)을 지어 내보내셨다. 초대 교회에서도 성도들이 받은 은사대로 팀과 그룹을 이루어 종 된 리더십을 행하도록 임명되었다(행 6장). 교회사를 보아도 교회 내에는 늘 두 명 이상의 리더들이 있었다. 바울은 한 도시에 교회가 세워지면 리더들을 임명했고, 최소한 한두 명의 동역자들과 함께 사역했으며, 혼성으로 리더십을 구성했다(롬 16장).

이러한 리더십을 본받아 소그룹 리더들은 공동체 내에서 한두 명의 견습 리더들과 함께 사역해야 한다. 그래야 다른 사람들과 리더십을 공유할 수 있고, 리더십을 독점하려는 유혹을 피할 수 있다. 견습생 제도는 제3부에서 충분히 토의하게 될 것이다.

● **리더는 사랑한다**

사람들을 사랑하지 않는 사람에게는 그들을 인도할 수 있는 권리도 없다. 서로를 돌보며 쌓이는 신뢰 관계가 모든 생명력 있는 공동체의 기초가 된다. 리더들은 그리스도를 본받아 사랑해야 한다. 하나님, 교회, 소그룹, 잃어버린 사람들에 대한 사랑이 바로 성장하는 리더의 기본 자세이다. 당신이 사람들을 진정으로 사랑할 때 사람들은 진리(책망과 바르게 함까지 포함하여)를 더 기꺼이 받아들이게 될 것이다.

사람들에게 사랑을 표현하기 위한 사랑의 언어를 반드시 이해하라. 게리 채프만은 이를 위해 『다섯 가지 사랑의 언어』(생명의말씀사 역간)에서 다섯 가지 방법을 제시한다.

- 칭찬
- 적절한 스킨십
- 선물
- 섬김의 행동
- 함께 보내는 시간

소그룹의 구성원들을 이해하고, 담대한 사랑을 진실하게 표현하라. 그러면 대부분의 경우 그들은 당신의 리더십을 적극적으로 따를 것이다.

 종으로서 리더가 감당할 역할들
- 그리스도의 섬김과 희생을 본받아 목양하라.
- 리더십을 공유하고 권위를 위임하라.
- 사랑하고 인도하라.

 "한 사람의 삶을 변화시키려면 누군가의 삶이 변화되어야 한다."

조세프 스토웰

 ## 소그룹 리더의 자격

누가 소그룹을 인도하기에 적합한가? 이 질문에 대한 답변은 소그룹을 보는 관점에 따라 두 가지로 나뉠 수 있다. 소그룹을 총체적인 제자 양성 기제로 보는 사람들은 사도 바울이나 평신도 사역자였던 브리스길라 같은 사람이 소그룹을 이끌기를 원한다. 소그룹에서는 성경을 공부하고, 구성원들의 삶 전반에 걸쳐 훈련하고, 선교와 봉사에 대해 도전하고, 신학의 모든 영역을 다루어야 한다고 생각하는 사람들이다. 그러나 또 한편으로는 열정이 있고 변화를 경험한 사람이라면 누구든지 작은 양 무리를 이끌 수 있다고 생각하는 사람들이 있다. 그러나 리더십의 은사가 있는 리더라 해도 효과적으로 인도하기 위한 기술과 분별력을 습득하려면 시간이 필요하다.

우리는 리더십의 도전을 받거나 리더들을 계발할 때 고려해야 할 일곱 가지 영역을 살펴보았다. 견습 리더를 선택할 때 이 일곱 가지 면에서 성장하려는 의지가 있는지 점검해 보라. 또한 이것을 당신 자신의 리더십에 대한 점검 지침으로 삼을 수도 있다. (교인으로 등록하는 과정에서 그리스도의 몸을 위해 봉사하는 데 대한 자세가 드러나므로, 윌로크릭에서는 이 과정을 소그룹 리더십 후보자들의 최소 조건으로 삼고 있다.)

● 그리스도와 연합하라

모든 성도가 매일 그리스도와 연합해야 하지만, 리더는 더욱 그렇다. 우리는 그리스도와 만나 힘과 소망, 확신과 정결함을 입는다. 그리스도와의 관계가 더욱 친밀해지고 성장할 때 가장 효과적으로 소그룹을 인도할 수 있다. 그리고 리더가 그러한 삶을 살 때 그룹의 구성원들에게도 똑같은 헌신을 요구할 수 있다. 바울은 "내가 그리스도를 본받는 자 된 것같이 너희는 나를 본받는 자 되라"(고전 11:1)고 말했다. 고통스럽거나 깨어지는 시간을 만난다면 하나님의 임재 속에서 하나님에 대한 당신의 깊은 갈망을 채우도록 하라(시 42:1).

"예수님께서는 홀로 있기를 택하셨다. 이것은 기도와 묵상, 혹은 유혹의 시간이었으며, 하나님과 천사들이 그에게 수종 드는 때였다. 이것은 천국의 공동체에 투자하심으로써 땅의 공동체가 천상의 연합을 반영하게 할 시간이었다."

개러스 아이스노글, 『왜 소그룹으로 모여야 하는가』

● 소명감을 놓지 말라

예레미야 선지자는 전하기 힘든 하나님의 메시지를 백성들에게 계속 전하라는 강력한 부르심을 느낀다. 그의 말을 들어 보자. "내가 다시는 여호와를 선포하지 아니하며 그 이름으로 말하지 아니하리라 하면 나의 중심이 불붙는 것 같아서 골수에 사무치니 답답하여 견딜 수 없나이다"(렘 20:9)

예레미야는 지치거나 불확실한 결과 앞에 놓여 있을 때에도 완수해야 할 사명을 잊지 않았다. 하나님께서 자신의 메시지를 전하도록 그를 선택하셨으므로 예레미야는 뒤로 물러설 수 없었다.

소그룹을 이끄는 리더십이 예레미야가 행했던 사역과 똑같을 수는 없겠지만, 하나님께서 이 일 가운데 계시고 역경과 고투의 시간에 붙잡아 주실 것이라는 소명감이 필요한 것은 마찬가지이다. 소명감을 놓지 않아야 당신이 하는 사역에 대한 확신과 신념을 가질 수 있을 것이다.

● 인격을 계발하라

리더들은 그리스도와 연합하고 소명을 붙잡는 것뿐만 아니라, 자신의 심령, 즉 인격을 계발해야 한다. 잠언 4장 23절은 "무릇 지킬 만한 것보다 더욱 네 마음을 지키라 생명의 근원이 이에서 남이니라"라고 지혜로운 사람을 권면한다(마 12 : 35 참조). 진실하고 신실한 모습은 리더의 인격을 높여 주며, 신뢰는 한번 깨지면 회복하기 어렵다.

신뢰 없이 리더십이 세워질 수 없다. 바울은 젊은 리더 디모데에게 "오직 말과 행실과 사랑과 믿음과 정절에 대하여 믿는 자에게 본이 되"(딤전 4 : 12)라고 권했다. 바울은 디모데가 온전한 인격을 갖춰 교회 안의 다른 성도들에게 삶의 본을 보이기를 원했다. 우리는 우리의 마음을 오염시키거나 강퍅하게 하는 생각, 행동, 태도들로부터 스스로를 보호해야 한다. 규칙적으로 자기 점검 및 동료들과의 상호 점검의 기회를 가지라. 자신의 인격의 약점과 강점이 무엇인지 사람들에게 물어보고, 하나님 앞에서 스스로 평가해 보라.

● 자신의 적성을 존중하라

어떤 리더들은 사역에 대한 부르심을 추구하며 인격적으로 성장하고 있지만 여전히 좌절감을 느낄 것이다. 아마 그것은 그들이 자신에게 맞지 않는 사역을 하고 있기 때문일 것이다. 고린도전서 12장 4~7절에서는 그리스도의 몸을 세우기 위해 그리스도의 각 제자가 하나 이상의 은사를 받는다고 분명히 밝히고 있다. 그 은사가 하나님께서 주신 고유한 능력, 개성, 경험과 결합되어 어떤 사역에서는 활발히 사용되지만, 또 어떤 사역에서는 억눌리는 것이다. 따라서 하나님께서 만드신 자신의 모습과 가장 잘 조화되는 소그룹 사역이 어떤 것인지 파악하는 것은 매우 중요하다.

자신이 장년부 혹은 주일 학교, 행정 사역 혹은 상처받은 사람들을 돌보는 사역, 성경공부 인도 혹은 선교부 중 어디에서 일하는 것이 가장 적합한지 시간을 내어 평가해 보라. 이 모든 사역들이 공동체 안에서 성취되며 최상의 결과를 낳기 위해서는 각기 맞는 은사를 받은 리더들이 필요하다.

● **능력을 계발하라**

모든 일에는 필요한 핵심 능력이 있다. 소그룹 리더에게는 관계 및 목양의 능력이 필요하며, 만일 그것이 없다면 소그룹을 인도하기 어려울 것이다. 바울은 디모데가 설교를 더 연마하여 하나님의 진리를 잘 전하는 커뮤니케이터가 되기를 바랐다. 그는 "네가 진리의 말씀을 옳게 분변하여 부끄러울 것이 없는 일꾼으로 인정된 자로 자신을 하나님 앞에 드리기를 힘쓰라"(딤후 2:15)고 말했다. 맡은 사역을 잘 해내는 것은 정말로 중요하다.

따라서 섬기는 사역 분야에서 필요한 능력을 갖추기 위해 리더는 훈련해야 한다. 당신이 어떤 종류의 그룹을 인도하든 기본적인 소그룹 인도 기술은 필요하겠지만, 각각의 사역 영역마다 구체적인 훈련을 요한다. 사역이 요구하는 핵심 능력을 파악하고 그 능력을 연마하기 위해 열심히 노력하면서 리더십을 계발하라.

● **계속적으로 헌신하라**

예수님께서는 따르는 자들에게 "손에 쟁기를 잡고 뒤를 돌아보는 자는 하나님의 나라에 합당치 아니하니라"라고 말씀하셨다. 그리스도를 따르기 위해 치러야 하는 값이나 그리스도께서 원하시는 헌신의 수준을 모르는 청중들에게는 완전한 헌신에 대한 이 말씀들이 이해하기 힘들었을 것이다. 리더들이 그리스도에 대한 자신의 사랑을 표현하는 길은 그리스도 안에서 형제자매 된 이들에게 헌신하는 것이다(요 21 : 15~19).

소그룹 모임을 인도하는 것도 쉽지 않지만, 제자를 삼는 일은 훨씬 어렵다. 소그룹 리더들은 자신의 안일을 포기하고, 헌신의 자세로 봉사해야 한다. 당신이 실망하고 지쳤을 때는 용기와 단호한 의지와 인내가 필요하다. 리더들은 하나님의 뜻, 그리스도, 교회, 그룹 내의 사람들에게 계속적으로 헌신해야 한다. 그룹 내의 구성원들을 인도하고 돌보기 위해 필요한 것이라면 기꺼이 할 결심이 되어 있는가?

● **사역의 용량을 확장하라**

처음엔 기쁜 마음으로 사역에 뛰어들었던 리더들도 탈진하면 견디지 못하고 떨어져나가곤 한다. 바울이 디모데에게 전한 조언을 다시 한 번 들어 보자. "네가 네 자신과 가르침을 삼가 이 일을 계속하라"(딤전 4 : 16상). 교회는 건강한 교리와 건강한 리더들, 사역을 실행할 에너지를 가진 리더들을 필요로 한다. 탁월한 리더들은 자기 자신에 대한 관심도 놓지 않는다. 그들은 자신의 생활을 점검한다. 당신은 정서적, 영적, 신체적으로 자신을 돌봄으로써 그룹을 인도할 에너지의 충분한 용량을 확보하고 있는가?

절대 당신의 삶과 가족을 사역의 제단 위에 희생 제물로 바치지 말라. 하나님께서는 당신이 다른 사람들을 섬기려다가 지쳐 쓰러지고 탈진하는 것을 원치 않으신다. 물론 역경과 고난의 시기는 있게 마련이지만, 지나치게 잦은 탈진과 끊이지 않는 스트레스 하에서는 지속적인 사역의 열매를 기대할 수 없다. 탈진을 예방할 수 있는 몇 가지 방법을 소개한다.

첫째로, 우선순위를 세우라. 누군가를 실망시키게 된다 하더라도 개의치 않고 '거절'하는 것을 배우라. 둘째로, 여유를 만들라. 당신의 스케줄에 여백을 남겨 두라. 즉 오락, 친구들과의 만남, 휴식, 갑작스러운 위기 대응을 위한 여백을 미리 만드는 것이다. 셋째로, 당신의 연료통을 채워 두라. 혼자만의 시간을 갖고, 기쁜 일을 축하하며, 즐거움을 누리는 시간을 가지라. 당신의 연료통을 기쁨과 휴식과 하하나님과의 장시간의 교제로 채우라.

 리더십 평가

자신의 리더십을 때때로 점검해 볼 수 있는 리더십 평가표를 소개한다. 당신의 강점을 파악하고 자축하라. 개선이 필요한 영역도 기록해 두라. 아래의 표를 사용하여 당신이 더 계발해야 하거나 도움이 필요한 부분이 무엇인지 판단해 보라.

1=많은 개선이 필요하다. 3=현상 유지를 하고 있다. 5=이 영역에서 크게 발전 중이다.

그리스도와 연합	1	2	3	4	5
소명 추구	1	2	3	4	5
인격 계발	1	2	3	4	5
적성 존중	1	2	3	4	5
능력 계발	1	2	3	4	5
헌신 유지	1	2	3	4	5
사역 용량 확장	1	2	3	4	5

적용: 위의 평가를 볼 때, 하나님께서는 당신이 내년에 사역의 어떤 부분에 에너지를 집중하기를 원하시는가? 당신이 발전을 자축할 영역은 어디인가?

"영적 리더는 화려한 직무나 성령의 임재가 없는 군중의 아첨보다는, 희생적으로 봉사하며 주님의 인정을 받는 감춰진 길을 선택할 것이다."
J. 오스왈드 샌더스

 **리더십의 동기**

리더십의 건전한 동기들

● 그리스도를 섬기기 위해

"무슨 일을 하든지 마음을 다하여 주께 하듯 하고 사람에게 하듯 하지 말라 이는 유업의 상을 주께 받을 줄 앎이니 너희는 주 그리스도를 섬기느니라"(골 3 : 23, 24).

● 삶 속에 열매를 맺기 위해

"너희가 과실을 많이 맺으면 내 아버지께서 영광을 받으실 것이요 너희가 내 제자가 되리라"(요 15 : 8).

● 다른 사람들을 목양하기 위해

"너희는 자기를 위하여 또는 온 양 떼를 위하여 삼가라 성령이 저들 가운데 너희로 감독자를 삼고 하나님이 자기 피로 사신 교회를 치게 하셨느니라"(행 20 : 28).

● 몸 된 교회에 본이 되기 위해

"너희 중에 있는 하나님의 양 무리를 치되 부득이함으로 하지 말고 오직 하나님의 뜻을 좇아 자원함으로 하며 더러운 이를 위하여 하지 말고 오직 즐거운 뜻으로 하며 맡기운 자들에게 주장하는 자세를 하지 말고 오직 양 무리의 본이 되라 그리하면 목자장이 나타나실 때에 시들지 아니하는 영광의 면류관을 얻으리라"(벧전 5 : 2~4).

● 다른 사람들을 섬기는 데 은사를 사용하기 위해

"그가 혹은 사도로, 혹은 선지자로, 혹은 복음 전하는 자로, 혹은 목사와 교사로 주셨으니 이는 성도를 온전케 하며 봉사의 일을 하게 하며 그리스도의 몸을 세우려 하심이라 우리가 다 하나님의 아들을 믿는 것과 아는 일에 하나가 되어 온전한 사람을 이루어 그리스도의 장성한 분량이 충만한 데까지 이르리니"(엡 4 : 11~13).

● 화목하게 하는 메시지를 전달하기 위해

"이는 하나님께서 그리스도 안에 계시사 세상을 자기와 화목하게 하시며 저희의 죄를 저희에게 돌리지 아니하시고 화목하게 하는 말씀을 우리에게 부탁하셨느니라 이러므로 우리가 그리스도를 대신하여 사신이 되어 하나님이 우리로 너희를 권면하시는 것 같이 그리스도를 대신하여 간구하노니 너희는 하나님과 화목하라 하나님이 죄를 알지도 못하신 자로 우리를 대신하여 죄를 삼으신 것은 우리로 하여금 저의 안에서 하나님의 의가 되게 하려 하심이니라"(고후 5 : 19~21).

리더십의 잘못된 동기들

● 높아지기 위해

"타인으로 너를 칭찬하게 하고 네 입으로는 말며 외인으로 너를 칭찬하게 하고 네 입술로는 말지니라"(잠 27 : 2).

● 중요한 사람으로 보이거나 위세를 부리기 위해

"오직 하나님의 옳게 여기심을 입어 복음 전할 부탁을 받았으니 우리가 이와 같이 말함은 사람을 기쁘게 하려 함이 아니요 오직 우리 마음을 감찰하시는 하나님을 기쁘시게 하려 함이라 너희도 알거니와 우리가 아무 때에도 아첨의 말이나 탐심의 탈을 쓰지 아니한 것을 하나님이 증거하시느니라 우리가 그리스도의 사도로 능히 존중할 터이나 그러나 너희에게든지 다른 이에게든지 사람에게는 영광을 구치 아니하고"(살전 2 : 4~6).

- **타인의 강요 때문에**

"너희 중에 있는 하나님의 양 무리를 치되 부득이함으로 하지 말고 오직 하나님의 뜻을 좇아 자원함으로 하며 더러운 이를 위하여 하지 말고 오직 즐거운 뜻으로 하며"(벧전 5:2).

"나는 남을 인도하려는 야망을 갖고 있는 사람은 대부분 리더의 자격이 없는 사람이라고 생각한다."

A. W. 토저

리더십의 장애물들

- **쉽게 화를 내거나 흥분하는 성격**

야고보는 사람의 분냄이 하나님의 의를 이루지 못한다고 말했다(약 1:19, 20). 하나님의 일은 남의 말을 잘 들어 줄 줄 아는 사람이 성취한다. 그런 사람은 필요할 때만 말한다. 그리고 그는 화내기를 더디 하는 사람이다. 탁월한 리더는 자신의 감정을 잘 통제하며 적절한 통로로 표출한다. 우리는 화를 자제하고 잘 통제해야 한다(갈 5:20; 엡 4:31; 골 3:8).

- **고백하지 않은 죄**

하나님은 우리에게 죄를 자백하라고 명령하셨다. 요한은 "만일 우리가 우리 죄를 자백하면 저는 미쁘시고 의로우사 우리 죄를 사하시며 모든 불의에서 우리를 깨끗케 하실 것이요"(요일 1:9)라고 말한다. 우리를 장악하고 있는 어떤 죄가 있다면(롬 6:16), 그리스도의 주권 앞에 가져와서 자백해야 한다(행 2:38). 만일 리더의 삶 속에 분명한 죄가 있다면, 그리고 그것이 확실하게 처리되지 않았다면 그는 리더의 자격을 잃은 것이다.

● 교리상의 오류나 거짓된 가르침

바울은 디모데에게 믿음의 말씀이나 건전한 교리에서 떠나 사람들을 잘못 인도하는 거짓 선생들을 조심하라고 경고했다. "때가 이르리니 사람이 바른 교훈을 받지 아니하며 귀가 가려워서 자기의 사욕을 좇을 스승을 많이 두고 또 그 귀를 진리에서 돌이켜 허탄한 이야기를 좇으리라"(딤후 4 : 3, 4).

리더십에 따르는 책임

 소그룹 리더의 언약

리더가 되는 데에는 일정한 절차가 필요하다. 리더 지원서를 부서 리더나 소그룹 디렉터에게 제출해야 할 것이다. 윌로크릭에서는 소그룹을 인도하려면 아래의 사항에 전적으로 동의해야 한다.

- 예수 그리스도께서 나의 구주이심을 고백한다.
- 성경을 나의 믿음과 삶의 절대적 권위로 삼는다.
- 교회 활동에 참여하는 등록교인이다.
- 소그룹 리더 조직의 일부가 되며 리더에게 요구되는 제반 책임을 완수할 것에 동의한다.

 소그룹 리더의 책임

소그룹 리더는 다음 네 가지 업무에 초점을 맞춰야 한다.

리더십 팀 형성

리더십 팀은 당신과 당신이 멘토가 되어 훈련시킬 최소한 한 사람 이상의 견습 리더로 구성된다(모임 장소를 제공할 집주인도 필요하다).

1. 그룹의 비전을 정립하라.
 - 당신의 목표를 알라(막 3:14).
 - 당신의 열정을 다른 사람들에게 표현하라(느 2:17, 18).

2. 소그룹 안에서 당신이 계발할 사람(견습 리더)을 선택하라(딤후 2:2).
 - 소그룹 리더의 인격을 갖게 되기를 열망하고 다른 지체들의 영적 성장을 도우려는 열정이 있는 사람을 선택하라(딤후 2:2).
 - 당신의 리더십 활동에 견습 리더를 최대한 많이 참여시키라. 그 사람과 함께 그의 리더십을 계발하는 시간을 가지라(마 4:18~22; 막 3:13~15; 딤후 3:10).

3. 리더로서 소그룹 인도와 영적 성장에 필요한 훈련을 받으라.
 - 모임에 참여하라.
   - 코치와 다른 리더들과 만나게 되는 리더십 모임에서 정보를 습득하고, 문제를 해결하고, 코치의 지원을 받고, 교제하고, 서로 축하해 주는 시간을 가지라.
   - 코치가 추천하는 훈련이나 필요한 훈련에 참여한다.
   - 리더십 수련회에 참석한다.
 - 규칙적으로 말씀을 묵상하고 기도한다(시 1:1~3; 행 1:13, 14). 내가 영적으로 풍성하지 않으면 다른 사람들에게 나눠줄 수 없기 때문이다. 스스로 성장하는 리더만이 성장하는 제자들을 생산할 수 있다. 하나님께서 직접 가르쳐 주시고 그룹을 위한 비전을 주시길 간구하라.
 - 당신의 리더(코치, 부서 리더, 사역 디렉터 등)와 함께 이 책을 공부하라.

사람들을 공동체에 연결시키라

소그룹 리더는 모임을 통해 구성원들의 솔직한 나눔, 성경에 대한 이해 및 적용, 구성원들 간에 돌아보는 기회를 가지면서 관계 형성을 도모할 수 있다.

1. 빈 의자를 마련하여 다른 사람들을 당신의 그룹에 초청하라. 당신의 그룹 구성원들과 관계를 형성하고 있지만 교회에 아직 연결되지 않은 사람들이 많이 있을 것이다.
   - 소그룹에 연결되지 않은 친구들을 서로 소개시키라.
   - 친교 모임을 갖게 될 때 사람들을 초청하라.
   - 새로운 구성원들을 어떻게 그룹에 연결하여 관계를 맺을 것인지 결정하라. 건강한 소그룹은 당연히 성장해야 한다는 비전을 구성원들에게 제시할 필요가 있을 것이다.

2. 진실한 관계를 맺을 수 있는 환경을 조성하라.
   - 즐겁고 역동적인 분위기를 만끽할 수 있는 시간을 가지라.
   - 사람들이 서로 친해질 수 있도록 간단한 자기소개의 시간을 가지라.
   - 친교 모임이나 봉사의 기회를 통해 구성원들 간의 우정을 돈독히 하고 추억을 남기라.
   - 구성원들 간에 서로의 삶을 점검해 줄 것을 권면하고 리더인 당신이 본을 보이라.

3. 영적 변화와 구성원들 간의 관계 증진을 위한 활동과 성경 토론회를 기획하라.
   - 그저 질문에 대답만 하는 식이 아니라, 토론을 촉진하는 커리큘럼을 마련하라 (이 책에 나와 있는 커리큘럼 선택 및 사용에 관한 부분을 참조하라).
   - 각 사람의 간증을 통해 토론할 본문을 사람들의 경험 및 필요와 연관시키라.

―그룹을 더 작은 단위로 나누어서 모든 사람들이 참여할 수 있게 하라. 특히 그룹의 구성원이 6, 7명 이상이라면 더욱 그러해야 한다.

4. 가르침, 토론 진행, 친교, 기도, 봉사 등에 은사가 있는 구성원들과 역할을 분담하라. 내가 모든 것을 해야 한다는 생각을 버리라. 그리고 견습 리더를 사역에 참여시키라.

그룹 내에는 리더인 당신보다 어떤 영역에서 더 은사가 많은 구성원이 있을 수 있다. 구성원들이 가르침, 찬양 인도, 기도 인도, 행사 준비, 돌봄 등으로 그룹 내에서 은사를 사용하게 하라.

구성원들을 계발하라

소그룹 리더들의 영적 책임은 그룹의 구성원들을 돌보고 양육해서 그리스도께 온전히 헌신된 제자들로 세우고 교회에 참여하게 하는 것이다. 은혜로, 기술적으로 목양하라.

1. 구성원 개개인을 위해 기도하라(빌 1:3~11; 골 1:9~12).

2. 구성원들을 돌아보며 감독하라(벧전 5:1~3). 이것은 자기 자신을 돌봄같이 구성원 각각을 돌보는 것을 의미한다.

3. 그리스도를 닮아 가는 모델이 되라. 그리스도께서 제자들을 따뜻하게 섬기셨듯이 구성원들을 섬기라(요 13:1~5). 그들이 성장하도록 돕고 서로가 매 순간을 그리스도처럼 살 수 있도록 격려하라.

4. 구성원들이 어떻게 각자의 은사를 사용하고 종의 마음을 가져 다른 사람들을

섬길 수 있을지 발견하도록 도우라(엡 4 : 12).

5. 그들이 5G의 각 항목에서 성장하도록 도우라. 그리스도의 형상이 그들 안에 이뤄지도록 사역하라(갈 4 : 19).

사역을 확장하라

하나님께서 많은 사람들을 그룹에 붙여 주셨다면, 리더는 알맞은 돌봄의 범위를 유지하면서 더 많은 사람들이 소그룹을 통한 삶의 변화를 경험할 수 있도록 새로운 그룹을 낳는 것을 고려해야 할 것이다. 그러나 이것은 그 그룹이 새로운 그룹을 낳을 만한 준비를 마치고, 견습 리더가 제대로 훈련을 받은 상태일 때에만 가능하다.

1. 견습 리더가 리더십을 행사할 수 있도록 책임을 위임하고 돌아볼 사람들을 정해 주어서 성장할 수 있는 기회를 부여하라. 이때 견습 리더에게 돌봄을 받은 사람들은 다시 새로운 그룹의 견습 리더나 핵심 구성원이 될 가능성이 높다.

2. 견습 리더가 모임 중에 더 작은 단위로 나누어진 하위 그룹을 인도하게 하라. 이러한 기회를 통해 그들은 경험을 쌓을 수 있고 새로운 그룹의 탄생을 준비하게 된다.

3. 누구를 새 그룹의 구성원으로 초대할 것인지 각자 기도해 보라고 권하라.

4. 새 리더와 그룹을 선정하고 새 공동체의 출범을 축하하라.

소그룹 리더들의 주요 기술들

소그룹 리더들의 기술 계발과 성장을 위한 네 가지 주요 항목들이다. 계발해야 할 기술의 예들을 함께 제시했다.

리더십 계발
- 인격적 성장 권면
- 비전 제시
- 견습 리더를 왜 계발해야 하고, 어떻게 계발하는지 앎
- 멘토링
- 세부적인 그룹 관리 기술
- 상호간에 점검해 주며, 삶의 본이 됨

관계 형성
- 프로그램 계획
- 좋은 질문을 던짐
- 토론회 기획
- 그룹 안에서 성경 말씀 사용
- 커리큘럼 선택
- 모임을 창조적으로 시작함
- 그룹이 함께 창조적으로 기도함
- 진행 과정에 대한 평가

구성원 계발
- 모임 외의 시간에도 돌봄
- 관계 맺음
- 구성원들을 위해 기도함
- 갈등 해소
- 특별한 필요를 채워줌
- 서로 섬김
- 경청의 기술 계발
- 성장 촉진

사역 배가
- 빈 의자를 채움
- '낚시터' 활동(친교 모임을 통한 전도)
- 새 그룹을 낳는 과정
- 해산의 고통 최소화
- 하위 그룹으로 나누어 모임

리더의 개인적 성장

 성경을 어떻게 공부할 것인가

대부분의 성경공부 방법론은 성경이 말하는 것이 무엇이고 그것이 무엇을 의미하는지만을 강조한다. 그러나 문맥을 이해하며 성경을 읽으면 삶에 적용할 수 있는 분명한 가르침을 만나게 된다. 성경공부 시간의 대부분을 적용하는 데 보내라. 그룹 성경공부에 적합한 말씀을 택하여 공부하되, 묵상과 기도를 통해 어떻게 그 진리를 생활에 적용할 것인가를 연구하는 데 많은 시간을 사용하라. 관찰한 것들을 그룹에서 나누면서 사랑과 선행을 격려하며 토론하라(히 10:24, 25).

도움이 될 만한 기본적인 성경공부 방법을 아래에 제시한다.

관찰 – 본문이 무엇을 말하는가?

본문을 여러 번 읽으라. 여러 번역개정판들(NIV, NASB, TNIV, NKJV, Living Bible, The Message 등)을 함께 읽으면 신선한 맛이 있다. 이렇게 하면 중요한 단어들을 식별하게 되고 본문에 대한 통찰력을 얻게 될 것이다.

● 문맥

1. 누가 누구에게 말하고 있는가? 그들의 관계는 어떠한가?

2. 무엇에 대해 이야기하고 있는가? 무슨 일이 일어나고 있는가?
3. 이 사건이나 대화가 일어나고 있는 곳은 어디인가?
4. 이 사건은 다른 주요 사건들을 기준으로 언제 일어나고 있는 것인가?
5. 저자는 왜 그런 말을 하는가? (그 말을 듣는 이들의 문제는 무엇이었나?)
6. 본문이 전체 문맥에 어떻게 연관되는가? (예: 본문 전후로 무슨 일이 있었는가? 하나님께서 이 말씀을 통해 내게 무엇을 말씀하시는가?)

● 문단 구조

본문의 문단 구조를 검토하면서 특별히 중요한 접속사에 유의해 보라. (예: "그러므로", "그러나", "그리고" 등). 그러면 저자의 뜻을 이해하는 데 도움이 될 것이다. 본문의 말을 자신의 말로 풀어 써 보라. 저자가 강조하는 것이 무엇인지를 보여주는 중요한 단어가 있는가?

● 단어 연구

본문의 모든 핵심 단어들을 찾아서 써 보고, 성경사전, 강해사전, 성경 단어 강해사전, NIV스터디성경 등을 사용하면 본문 이해에 도움이 될 것이다.

● 질문

1. 순종해야 할 명령들은 무엇인가?
2. 하나님께서 약속하신 것들은 무엇인가?
3. 하나님, 예수님, 성령님, 그리고 동료 신자들에 대해 배운 것은 무엇인가?
4. 반복되는 단어, 개념, 주제가 있는가?
5. 비교되거나 대조되는 것들이 있는가? (예: 로마서 8장의 "육"과 "영")
6. 열거되는 목록이 있는가? (예: 갈라디아서 5장 22, 23절의 성령의 열매의 목록)
7. 인과관계가 있는가? (예: 롬 10:14~18)

> **TIP**
> "하나님의 말씀은 우리를 조명해 준다. 그것은 자기기만의 안개를 꿰뚫고 사물을 있는 그대로 보게 해 준다. 이렇게 그 빛 속으로 뛰어드는 데는 용기가 필요하다."
>
> 짐 피터슨, 『Lifestyle Discipleship』(라이프스타일 제자도)

해석 – 어떤 메시지를 전달하고 있는가?

본문 속에서 찾은 구체적인 삶의 원리들을 나열해 보라. 본문의 의미를 확실히 할 수 있는 질문들을 던져 보라. 한절 한절 읽어 나가면서, "이것이 무엇을 의미하는가? 이것을 이해하는 것이 왜 중요한가? 이것이 당시의 독자들에게 어떤 의미가 있었을까? 이 진리와 반대되는 것은 무엇인가? 언제 이것을 적용할 수 있는가? 어떻게 나의 삶에 적용할 수 있을까?"라는 질문들에 스스로 답해 보고 깨달은 것을 적어 나가라.

본문을 해석하는 데 도움이 되는 주가 있다면 찾아보라. 우리를 가르치시는 성령님을 신뢰하라. 진리를 깨닫게 해 주시도록 기도하라.

● 주석

주석을 참고해서 내가 깨닫지 못한 부분이 있는지 찾아보고 적어 놓으라. 이해가 되지 않는 부분이 있으면 교회의 지혜로운 교사들이나 리더들의 견해를 들어 보라. 소그룹에서 그 본문을 함께 살펴보자고 제안하라.

● 주제

저자가 이야기하려 하는 주제나 요점을 한 문장으로 써 보라. 주제를 전개하는 두세 가지 주요 원리들을 적어 볼 수도 있을 것이다.

● 적용

어떻게 하면 본문 말씀을 통해서 나의 삶이 변화될 수 있을까?
- 교훈: "어떻게 이 진리가 나의 삶, 나의 교회, 나의 가족, 나의 직장을 바꿀 수 있을까?"
- 책망: "나의 부족한 점은 무엇인가? 나는 왜 부족한가? 그룹으로서 우리가 어떻게 우리 자신을 돌아보고 점검할 수 있을까?"
- 바르게 함: "내가 어떻게 해야 할까? 어떤 점을 고쳐야 하나? 이 점에 있어서 다른 사람들이 나를 어떻게 도와줄 수 있을까?"
- 의로 교육함: "내가 그리스도의 형상을 닮아 가기 위해 어떤 훈련, 관계, 혹은 경험이 필요한가?"

 **영적 훈련**

왜 영적 훈련이 그렇게 중요한가?

사도 바울은 그리스도인의 삶을 마라톤에 비유한다. 우리는 앞에 있는 것을 잡으려고 하나님이 위에서 부르신 부름의 상을 목표로 최선을 다해 달린다. 마라토너에게는 목표와 전략과 결승점이 있다(고전 9:26; 빌 3:12~14). 경주에서 이기려면 힘과 부지런함과 사전 준비와 훈련이 필요할 것이다. 훈련 없이 경기에 임하는 마라토너는 없을 것이다. 우리는 경주에서 끝까지 인내할 수 있도록 훈련해야 한다.

고린도전서 9장 24~27절에서 사도 바울은 "운동장에서 달음질 하는 자들이 다 달아날지라도 오직 상 얻는 자는 하나인 줄을 너희가 알지 못하느냐 너희도 얻도록 이와 같이 달음질 하라 이기기를 다투는 자마다 모든 일에 절제하나니 저희는 썩을 면류관을 얻고자 하되 우리는 썩지 아니할 것을 얻고자 하노라 그러므로 내가 달음질 하기를 향방 없는 것같이 아니하고 싸우기를 허공을 치는 것같이 아니하여 내가 내 몸을 쳐 복종하게 함은 내가 남에게 전파한 후에 자기가 도리어 버림이 될까 두려워함이로라"라고 말한다.

우리는 영적 훈련이나 연습을 통해 진실하고, 힘 있고, 인내하는 그리스도인의 삶을 살 수 있게 된다. 훈련은 하나님의 음성을 들을 수 있게 준비시켜 준다. 히브리서 5장 8절에서는 예수님께서도 받으신 고난으로 순종을 배우셨다고 말하고 있다. 우리는 훈련을 통해 하나님을 만나고, 하나님의 뜻을 이해하고, 육신의 소욕과 싸우고, 사랑의 관계를 맺고, 지혜롭고 경건한 결정을 내리고, 가족을 사랑하고, 리더로 설 수 있다. 충분히 훈련한 후에 경주를 끝낼 때에는 아주 큰 기쁨을 얻게 된다. 바울은 삶의 마지막을 맞으면서 다음과 같이 기록했다. "내가 선한 싸움을 싸우고 나의 달려갈 길을 마치고 믿음을 지켰으니 이제 후로는 나를 위하여 의의 면류관이 예비되었으므로 주 곧 의로우신 재판장이 그날에 내게 주실 것이니 내게만 아니라 주의 나타나심을 사모하는 모든 자에게니라"(딤후 4 : 7, 8). 바울처럼 경주를 완주하는 리더가 되라.

영적 훈련에는 어떤 것들이 있는가?

댈러스 윌러드(Dallas Willard)의 『영성훈련』(은성출판사 역간)과 리처드 포스터(Richard Foster)의 『영적 훈련과 성장』(생명의말씀사 역간), 이 두 책은 예수 그리스도께서 삶으로 본을 보이신 영적 훈련과 연습에 대해 종합적으로 설명하고 있다. 이 훈련은 통상 두 종류로 구분할 수 있다. 절제의 훈련과 실행의 훈련이다.

● **절제의 훈련**

이런 훈련들은 하나님이 주시는 것을 얻기 위해 무언가를 포기하는 것이다. 예를 들어 사역, 가정, 일터의 분주한 상황을 중단한다. 하나님의 음성을 듣기 위해 말을 자제한다. 하나님을 더욱 온전히 경험하고자 물건을 구매하는 것을 포기하기도 한다. 베드로전서 2장 11절은 "영혼을 거스려 싸우는 육체의 정욕을 제어"하라고 가르친다. 우리가 보다 큰 능력과 지혜를 경험하지 못하도록 방해하는 것이 무엇인지 식별해야 한다. 말을 너무 많이 하지는 않는가? 당신의 소유가 당신을 지배하고 있지는 않은가? 다른 사람들의 평가에 지나치게 집착하지는 않는가? 하나님을 더 의지하는 훈련을 하라.

"(영적 훈련은) 하나님의 부요함을 우리의 삶 속에 나타나게 한다. 그러나 이것은 또한 자칫 잘못하면 우리 영혼을 죽이는 또 다른 율법이 될 수 있다. 율법적인 훈련은 죽음을 부른다."

리처드 포스터, 『영적 훈련과 성장』

독거(獨居) : 하나님과 함께 있기 위해 혼자만의 시간을 갖는 것. 일정 기간 동안 하나님하고만 함께 있을 수 있는 조용한 장소를 찾으라. 하나님과의 교제의 도구로 성경을 읽으라. 하나님께 귀 기울이라. 혼자서 잠잠히 있으라.

침묵 : 하나님의 음성에 집중하는 데 방해되는 것들을 없애는 것. 하나님의 음성을 듣기 위해 조용한 장소를 찾으라. 하나님께서 인도하시는 대로 당신의 마음에 떠오르는 생각들을 기록하라. 소음과 산만한 환경 속에서도 침묵은 이루어질 수 있다. 다만 당신의 영혼에 주의를 집중하라. 말을 덜 하거나 꼭 필요할 때에만 말하는 방법을 통해서도 영혼에 집중할 수 있다. 라디오나 TV를 끄는 것도 좋은 방법이다.

금식 : 하나님께서 주시는 더 큰 영양분을 섭취하기 위해 식사를 거르는 것. 얼마의 기간 동안 먹지 않기로 결심해 보라. 대신 물을 마시고, 필요하면 비타민을 섭취하라. 위장이 비었을 때의 고통을 느끼면서 충만한 은혜로 채워 주실 것을 믿

고 하나님을 의지하라.

검소 : 적은 돈으로 살면서도 당신의 기본적인 필요를 채우는 법을 배우는 것. 새로운 것을 사기 전에 구입을 포기할 것을 결심해 보든지, 또는 좀더 저렴한 대안을 선택하라. 단순하고 목적이 뚜렷한 삶을 살라.

성생활의절제 : 잠시 동안 자의적으로 성적인 쾌락을 절제하여 (이때의 쾌락은 결혼생활의 도덕적인 쾌락을 말함) 하나님 안에서 보다 큰 기쁨을 구하는 것. 부부가 서로 합의하여 기도 속에서 하나님과 더 깊은 관계를 경험하기 위해 일정 기간 동안 성생활을 삼가해 보라.

은밀한선행 : 자기를 드러내지 않고 남이 모르게 하나님을 섬기는 연습. 비밀스럽게 헌금하라. 아는 사람들이 거의 없는 '배후에서' 섬기라.

희생 : 이성적인 생각으로 드릴 수 있는 것 이상을 드리면서 우리가 그리스도를 의지해야 한다는 것을 기억하는 것. 평소에 하던 것 이상으로 당신의 물질과 시간을 주께 드리라.

● 실행의 훈련

댈러스 윌러드는 "절제의 훈련은 실행(행동)의 훈련을 통해 보완되고 균형을 이루지 않으면 안 된다"고 말했다. 이것은 우리의 영혼을 살찌우고 앞에 놓인 푯대를 향해 힘 있게 달려가는 활동을 말한다.

성경공부 : 성경 말씀을 읽고 그 의미와 중요성을 묵상하는 시간을 갖는 것. 말씀은 우리에게 영적 힘을 공급해 주는 원천이다. 하나님의 말씀을 정기적으로 먹을 수 있는 시간과 장소를 정하라.

예배 : 하나님께 경배와 찬양을 드리는 것. 하나님에 대한 찬양이 계속적으로 우리 마음과 입술에 있어야 한다. 시편, 찬송가, 영적 노래들을 읽거나 찬양 테이프를 들으며 매일 주께 노래하라. 하나님께서 내 삶 속에 이루신 역사와 임재를 생각할 때 늘 찬양하라.

봉사 : 그리스도께서 제자들의 발을 씻기신 것처럼 겸손한 종이 되기로 결심하는 것. 교회나 지역사회에서 봉사할 수 있는 기회를 찾으라. 별것 아닌 것 같은 친절한 행동들(마당 청소, 집안 청소, 장보기, 심부름 해 주기 등)을 해 보라.

기도 : 하나님과 당신의 관계 및 다른 사람들의 문제를 하나님 앞에 내려놓고 하나님의 말씀을 듣는 것. 하나님께 기도하기 위해 사람들이나 주변 환경으로부터 간섭받지 않는 시간과 장소를 택하라. 말씀을 묵상함으로 그리스도께 집중하며 기도로 나아가라.

교제 : 그리스도의 몸 안에서 서로 돌보고 사역하는 것. 서로를 돌아보기 위해 다른 그리스도인들과 정기적으로 만나라. 서로 격려하라.

죄고백 : 정기적으로 주님께 그리고 신뢰할 만한 다른 사람에게 죄를 자백하는 것. 나의 삶에 죄가 있는 것을 발견할 때마다 주께 자백하고 또 죄를 지은 상대에게 자백하라.

순복 : 서로의 삶을 점검해 주면서 하나님과 다른 사람들 앞에서 나 자신을 겸허하게 낮추는 것. 나의 행동과 성장을 서로 점검해 줄 수 있는 신실한 형제자매를 찾으라.

복음의 영향력 있는 그리스도인 되기

잃어버린 세상에 복음을 분명하게 전해서 사람들의 삶이 변화되고 그리스도의 제자가 되게 한다면 이처럼 큰 감동은 없을 것이다. 효과적인 복음 전도자가 되고 자신에게 맞는 전도 스타일이 어떤 것인가를 알기 원한다면 생활 전도에 대한 훈련 코스를 찾아보는 것이 좋을 것이다. 이러한 코스를 자체 개발해 소그룹 전체가 다 함께 참석해 보는 것도 좋은 생각이다.

당신이 믿음을 전하는 일에 좀더 잘 무장되도록 전도 훈련 과정의 기초를 아래에 열거해 놓았다. 이런 내용들을 알아 둔다면 생활 전도 훈련 코스를 준비하는 데 도움이 될 것이다. 여기서 당신의 믿음을 나누기 위한 기본 개념과 개요를 파악할 수 있을 것이다.

효과적인 복음의 전달

● 전도는 자연스러워야 한다

어떤 이들은 전도의 은사가 있는 사람만 전도할 수 있다고 말한다. 그러나 성경은 분명히 말씀하고 있다. 바울은 디모데와 에베소교회 교인들에게 "전도인의 일을 하라"고 권한다(딤후 4:5). 내가 어떤 전도 스타일의 전도자인지만 안다면 "전도인의 일"을 좀더 효과적으로 할 수 있을 것이다.

내게 맞는 전도 스타일은 다른 사람들의 스타일과는 다를 수 있다. 그러나 받은 복음을 나눠야 하는 책임은 모두가 똑같다. 어떤 사람들은 직선형이고, 어떤 사람들은 지성형이고, 어떤 사람들은 관계형이다. 당신의 스타일이 무엇이든 간에 그것은 자연스러워야 하고, 당신 자신의 모습이어야 한다는 것을 기억하라. 시중에 나와 있는 여러 자료들을 통해 당신에게 어울리는 전도 유형을 파악하고 그것을 효과적으로 사용할 수 있을 것이다.

● 전도는 관계를 통해 이루어진다

하나님으로부터 멀리 떨어져 있는 사람들과 친구가 되는 것부터 시작하라. 복음을 전하기 전에 먼저 관계를 형성하는 것은 매우 좋은 방법이다.

● 전도는 말로 해야 한다

로마서 10장 14절은 "그런즉 저희가 믿지 아니하는 이를 어찌 부르리요 듣지도 못한 이를 어찌 믿으리요 전파하는 자가 없이 어찌 들으리요"라고 말한다. 궁극적으로 기독교 복음의 진리는 우리 개인의 간증이든, 성경을 읽어 주는 것이든, 혹은 다른 어떤 방법을 통해서든 대화 중에 전달되어야 한다.

● 전도는 팀 사역이다

모든 전도에는 전도 대상자를 전도 집회에 초청하는 과정이 포함된다. 교회는 동원할 수 있는 모든 자원을 동원해 구도자들을 대상으로 하는 호소력 있는 집회를 준비해야 한다. 혼자 복음을 전할 필요는 없다. 교회의 자원들을 사용해서 다양한 형태와 방식으로 사람들이 복음을 들을 수 있게 해야 한다.

구도자와 대화하는 대표적 예로 요한복음 4장에서 예수 그리스도께서 우물가의 사마리아 여인을 만나 대화하신 것을 유의해서 볼 필요가 있다. 우리는 이 본문에서 전도의 분명한 원리들을 찾아낼 수 있다. 물론 그리스도께서 다른 사람들에게는 또 다른 방법들을 사용하셨지만 우리는 여기서 기독교 진리를 효과적으로 전하기 위한 가장 기본적인 요소들을 발견할 수 있다.

그리스도의 전도 대화의 특징들 : 요한복음 4장

1. 1~8절 : 예수님께서는 문화적으로 적절하게 접근하셨다.
   － 그들의 언어를 사용하라. 그 문화에서는 물이 중요한 화제였다.

─ 피부로 느끼는 필요를 발견하라. 이 여인은 외로웠고 자신의 과거가 부끄러웠다.

2. 9, 10절: 예수님께서는 듣는 자의 호기심을 불러일으키셨다.
─ 좋은 질문을 던지고, 그들의 이야기를 듣고, 자신의 이야기만 퍼붓지 말라. 상대방이 생각하고 이야기하게 하라.
─ 예수님께서는 "생수가 무엇이라고 생각하느냐?"라는 식의 질문을 하셨다. 자신이 모든 것을 말해야 한다고 생각하지 말라. 구도자들은 모든 답을 다 갖고 있는 듯한 선생을 거부한다. 듣고 그들이 자신의 생각을 말할 수 있게 하라.

3. 11, 12절: 예수님께서는 사람들이 갖고 있는 깊은 필요에 대한 해결책을 제시하셔서 사람들의 관심을 불러일으키셨다.

중요한 것은 예수 그리스도라는 분이시다. 그러나 사람들은 자신의 필요(이 경우에는 물)에 집중해 있게 마련이다. 예수님께서는 필요의 영역에서 공통의 관심사를 보고 다리를 놓으셨다. 다리를 놓는 일은 서로 신뢰하는 관계 형성의 중요한 열쇠이다.

4. 13~15절: 예수님께서는 그 사람의 필요를 채워 주겠다고 제안하셨다.

예수님께서는 여인의 영적 문제(죄)에 대한 해결책으로 자신을 제시하면서 대화의 중심을 자신에게로 돌리셨다. 그러나 여인은 자기의 진짜 문제(죄)를 보기 전에 해결책부터 원했다. 여인은 그때까지도 피부로 느끼는 필요에만 초점을 맞추고 있었다.

5. 16~18절: 예수님께서는 여인이 스스로 자신의 죄를 깨닫도록 대화의 방향을 이끄셨다.

우리는 사람들을 십자가 앞으로 이끈다. 여기에서 사람들은 성령의 깨우치심으로 거룩한 하나님 앞에 놓인 자신의 죄를 보게 된다. 예수님께서는 여인을 그녀 자신의 죄에 직면시키셨다. 죄에 대한 질문은 어려운 질문이지만, 만일 신뢰와 열린 마음이 전제되어 있다면, 제기될 수 있는 질문이다.

6. 19~26절 : 예수님께서는 '종교인'이 아니라 제자를 만들기 원하셨다.
- 전도를 받는 사람들은 "술을 포기해야 합니까?"라고 질문하지만, 도덕적인 행위는 변화된 마음 뒤에 따라오는 것이다. 이 우물가의 여인은 '종교'를 말했지만, 예수님께서는 하나님과 사람들의 '관계'에 초점을 맞추셨다.
- 하나님의 진실한 예배자가 되는 것이 초점이다. 중요한 것은 규칙이 아니라, 하나님과의 관계이다.
- 예수님께서는 자신을 참된 메시아이자 구원자로 제시하셨고 여인은 그분을 따르게 되었다(요 4 : 39 이하).

이 부분을 더 자세히 알고 싶으면 리 스트로벨의 『친구의 회심- 마음을 읽는 전도법』(Inside the Mind of Unchurched Harry and Mary, 두란노 역간)이라는 책을 참고하라.

전도할 때 활용할 수 있는 성경 구절

● 하나님께서는 당신과의 인격적인 관계를 원하신다.
"예수께서 가라사대 내가 곧 생명의 떡이니 내게 오는 자는 결코 주리지 아니할 터이요 나를 믿는 자는 영원히 목마르지 아니하리라"(요 6 : 35).
"나를 믿는 자는 성경에 이름과 같이 그 배에서 생수의 강이 흘러나리라 하시니"(요 7 : 38).
"도적이 오는 것은 도적질하고 죽이고 멸망시키려는 것뿐이요 내가 온 것은 양으로 생명을 얻게 하고 더 풍성히 얻게 하려는 것이라"(요 10 : 10).

● 죄는 우리를 하나님과의 인격적인 관계로부터 분리시킨다.

"모든 사람이 죄를 범하였으매 하나님의 영광에 이르지 못하더니"(롬 3 : 23).

"죄의 삯은 사망이요 하나님의 은사는 그리스도 예수 우리 주 안에 있는 영생이니라"(롬 6 : 23).

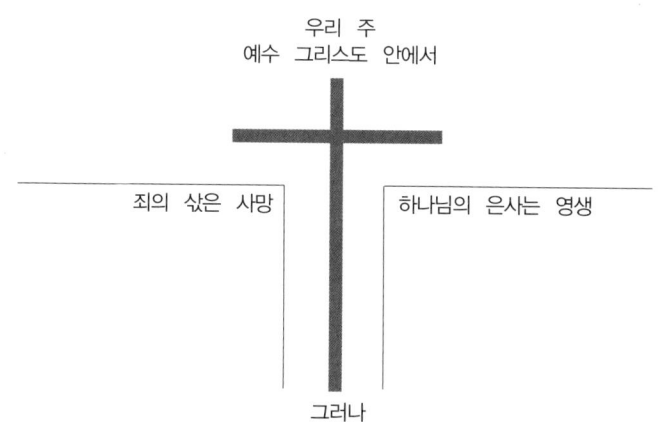

● 예수 그리스도를 당신의 구주와 리더로 영접해야 한다.

"영접하는 자 곧 그 이름을 믿는 자들에게는 하나님의 자녀가 되는 권세를 주셨으니"(요 1 : 12).

"네가 만일 네 입으로 예수를 주로 시인하며 또 하나님께서 그를 죽은 자 가운데서 살리신 것을 네 마음에 믿으면 구원을 얻으리니"(롬 10 : 9).

"너희가 그 은혜를 인하여 믿음으로 말미암아 구원을 얻었나니 이것이 너희에게서 난 것이 아니요 하나님의 선물이라 행위에서 난 것이 아니니 이는 누구든지 자랑치 못하게 함이니라"(엡 2 : 8, 9).

● 당신이 그리스도를 인격적으로 신뢰하면 영생을 얻는다.

"또 증거는 이것이니 하나님이 우리에게 영생을 주신 것과 이 생명이 그의 아들 안에 있는 그것이니라 아들이 있는 자에게는 생명이 있고 하나님의 아들이 없는 자에게는 생명이 없느니라 내가 하나님의 아들의 이름을 믿는 너희에게 이것을 쓴 것은 너희로 하여금 너희에게 영생이 있음을 알게 하려 함이라"(요일 5 : 11~13).

 리더의 기도 생활

기도의 구성-ACTS

탁월한 리더는 생명력 있는 기도 생활을 영위한다. 아래 지침은 당신이 능력 있는 리더와 기도의 사람이 되도록 도움을 줄 것이다. 윌로크릭의 경우에는 이 원리들이 매우 유용하고 강력하게 작용했다.

먼저 기도에 대한 기본 개요를 소개한 후에, 로마서 8장에 소개되어 있는 기도의 원리들과 응답받는 기도의 전제조건들을 살펴보게 될 것이다.

A__찬양 (Adoration : 시 100편)
- 하나님의 속성 중 하나를 택해서 하나님의 성품을 찬양하라.
- 시편 한 편을 자신의 말로 표현해 보라.
- 시편 그대로 기도하라.

C__죄 고백 (Confession : 요일 1 : 9)
  어제 일을 생각해 보라. 그 중 주님을 기쁘시게 하지 않은 일들이 있으면 적어 보고, 깨끗함을 입으라.

T__감사 (Thanksgiving : 눅 17 : 11~19; 살전 5 : 16~18)
  아래 항목에서 당신이 특별한 축복을 받은 부분을 적어 보라.

- 영적인 것
- 관계
- 물질
- 신체

S_간구 (Supplication : 빌 4 : 6, 7; 요일 5 : 14, 15)
아래 항목대로 당신의 필요를 적어 보라.
- 시급한 문제
- 인간관계
- 신체/물질
- 영적인 것
- 인격

조용히 귀 기울이며 성령의 인도하심을 기다리라. (여기에 관한 더 상세한 내용은 빌 하이벨스의 『너무 바빠서 기도합니다』[IVP 역간]를 참고하라.)

기도의 네 가지 원리 : 롬 8 : 26~29

로마서 8장 26~29절의 말씀은 기도에 대한 이해에 도움을 준다. 이 말씀 속에서 우리는 아래의 몇 가지 원리들을 발견할 수 있다. 하나님께서는 확실히 기도에 응답하시지만, 항상 우리가 원하는 대로 응답하시는 건 아니다. 아래의 내용들은 하나님께서 기도에 어떻게 응답하시는지 이해하는 데 도움을 줄 것이다.

1. 우리가 무엇을 어떻게 기도해야 하는지 성령께서 알려 주신다(26절).

2. 성령께서 우리를 위해 간구하신다(26절).
3. 하나님께서는 기도하는 말보다 우리의 마음을 들으신다(27절).
4. 기도는 언제나 응답된다(28, 29절). 그러나 항상 우리 계획대로는 아니다. 빌 하이벨스는 우리의 기도에 대한 하나님의 응답을 다음과 같이 다음과 같이 네 가지로 정리한다.

1. 아니다 – 요청한 것이 하나님의 뜻이 아니다.
   구약 : 삼하 12 : 15, 16, 22, 23
   신약 : 마 26 : 36~39

2. 기다리라 – 요청한 것이 지금은 하나님의 뜻이 아니다.
   구약 : 창 15 : 2~6, 21 : 2
   신약 : 요 11 : 3, 6, 14, 15, 17, 43. 44

3. 성장하라 – 요청의 동기가 잘못되었다.
   구약 : 민 14 : 26~45
   신약 : 약 4 : 3

4. 응답 – 간구한 내용, 시기, 영적 상태가 다 하나님의 뜻에 합한다.
   구약 : 왕상 18 : 36~39(참고. 약 5 : 17, 18)
   신약 : 행 12 : 5~7, 12~17

응답받는 기도의 요건

성경을 보았을 때, 하나님께서는 분명히 우리의 기도에 위의 네 가지 중 하나로 응답하시지만, 한편으로는 효과적인 기도에 대한 가이드라인이 있다. 우리의 어떤 행동이나 태도가 기도를 방해할 수 있다. 이런 경우에는 하나님께서 응답하지 않으실 것이다. 효과적인 기도를 하려면 하나님은 물론 다른 사람들과 올바른 관계를 가져야 함을 우리는 아래의 말씀들을 통해 알 수 있다.

- 자백하지 않은 죄를 품고 있는 것은 하나님과 당신의 관계에 벽을 세우는 것이다(시 66 : 18).
- 하나님께서는 순종하는 사람의 기도를 들으신다(요일 3 : 22, 23).
- 하나님께서는 잘못되었거나 이기적인 동기에서 나온 기도는 듣지 않으신다(약 4 : 3).
- 우리의 뜻이 아니라, 하나님의 뜻에 따라 기도해야 한다(요일 5 : 14, 15).
- 믿음으로 간구해야 한다. 불신은 응답받는 기도의 장애물이다(막 11 : 22~24).
- 그리스도 안에 항상 거할 때(그리스도와 규칙적으로 교제하는 삶을 살 때), 기도 응답을 받는다. 교제가 단절되면 하나님과의 커뮤니케이션도 단절된다(요 15 : 7).
- 때로는 구하지 않기 때문에 얻을 수 없다. 적절한 기도제목을 정기적으로 하나님께 아뢰어야 한다(눅 11 : 9).
- 성령 안에서(성령의 지배 하에서) 기도하는 것도 기도의 요건이다. 또한 인내하며 기도해야 한다(엡 6 : 18).
- 형제를 용서하지 않는다면 하나님께서도 당신을 용서하지 않으실 것이다. 올바른 관계 회복은 하나님과의 열린 커뮤니케이션에 필수적이다(마 6 : 14, 15; 막 11 : 25).
- 감사하는 마음으로 기도해야 한다. 감사의 영이 없이 하나님 앞에 나오는 자들의 기도는 하나님께서 듣지 않으신다(빌 4 : 6).

기도에 관해 기억해야 할 것들

- 모든 것에 대해 하나님께 기도하라(빌 4:6, 7).
- 일관되게 기도하라(살전 5:17).
- 예수님의 이름으로, 즉 예수님의 뜻대로 기도하라(요 16:24).
- 담대한 확신을 가지고 기도하라(히 4:16).

 "가장 간단히 말해서, 성령 충만하다는 것은 자발적인 순복과 믿음의 반응을 통해서 인간의 인격이 성령으로 채워지고, 지배되고, 통제되는 것이다."

J. 오스왈드 샌더스, 『영적 지도력』

 ## 성령의 인도를 받는 리더십

성경의 위대한 리더들은 모두 성령의 이끄심을 따라 삶과 사역을 이루어 갔다. 에베소서 5장 18~20절에서 바울은 "술 취하지 말라 이는 방탕한 것이니 오직 성령의 충만을 받으라 시와 찬미와 신령한 노래들로 서로 화답하며 너희의 마음으로 주께 노래하며 찬송하며…"라고 말한다. 술 취한 사람은 하나님과 다른 사람들 앞에 자신의 행동에 대해 책임지지 않는다. 반면에 성령으로 충만한 사람은 책임을 감당하며, 하나님과 다른 사람들과의 진실한 관계로 그리스도께 영광을 돌린다.

어떻게 성령 안에서의 삶을 살 수 있는가? 즉, 어떻게 지속적으로 성령의 이끄심에 따라 살아갈 수 있는가? 리더인 당신은 성령께서 당신의 삶 안에서 그분의 뜻대로 행하시도록 자신을 내어드려야 한다. 이렇게 할 때 당신의 리더십에 능력이 있고 성령의 열매가 맺힐 것이다.

요한복음 16장 5~15절에 나온 대로, 성령께서 당신의 조력자, 안내자, 진리의 교사이시라는 것을 기억하라. 당신이 성령의 길을 가고 있는지 점검해 볼 요소는 다음과 같다.

● **성령으로 행한다**

이것은 하나님께 순종하는 삶을 사는 것이다. 성경을 읽을 때나 기도할 때, 또는 하나님의 음성을 들을 때 성령께서 당신을 다스리시게 한다는 의미이다. 자신의 의지를 하나님의 의지에 복종시킬 때 성령께서 내 삶을 다스리시고 나의 길을 인도하실 수 있다.

● **하나님의 말씀에 전념한다**

성경은 이런 면에서 아주 분명하게 말하고 있다. 에베소서 5장 17절은 "그러므로 어리석은 자가 되지 말고 오직 주의 뜻이 무엇인가 이해하라"고 말씀한다. 하나님의 성령께서는 말씀을 사용하셔서 하나님의 사람들에게 하나님의 일을 할 수 있는 능력을 부여하신다.

● **성령의 일들을 생각한다**

로마서 8장 6~9절은 "육신의 생각은 사망이요 영의 생각은 생명과 평안이니라 육신의 생각은 하나님과 원수가 되나니 이는 하나님의 법에 굴복치 아니할 뿐 아니라 할 수도 없음이라 육신에 있는 자들은 하나님을 기쁘시게 할 수 없느니라 만일 너희 속에 하나님의 영이 거하시면 너희가 육신에 있지 아니하고 영에 있나니 누구든지 그리스도의 영이 없으면 그리스도의 사람이 아니라"고 말씀하고 있다. 성령께서 이미 우리 안에 계시므로 우리는 단지 그분께 순복하여 나의 삶을 다스리시게 내어드리면 된다. 성령의 일에 집중한다는 것은 하나님께 영광을 돌리는 관계, 결정, 대화, 생각, 행동에 나의 관심을 기울인다는 뜻이다.

갈라디아서 5장은 성령 안에서 그리스도의 명령에 순종하며 사는 삶이 사랑, 희락, 화평, 오래 참음, 자비, 양선, 충성, 온유, 절제의 성령의 열매들(갈 5:22, 23)을 맺는다고 설명한다. 그러나 우리가 성령께 굴복하지 않으면 하나님의 말씀을 무시

함으로써 성령을 소멸시키거나(살전 5:19) 인간관계에서 원망과 분노를 일으킴으로써 성령을 근심하게 한다(엡 4:30). 죄는 항상 성령의 불에 찬물을 끼얹는다.

앞서 나눈 원리들을 실행한다면 성령 충만한 삶을 살 수 있고, 하나님께서 당신을 통해 역사하셔서 효과적인 리더로 설 수 있다. 성령께서 리더나 성도들의 삶 속에서 어떻게 역사하시는지 배우려면 아래의 말씀을 읽어 보라. 소그룹의 구성원들에게도 성령이 다스리시는 삶을 살도록 격려하기 위해 이 말씀들을 함께 공부하면 큰 도움이 될 것이다.

- 성령 세례 (고전 12:13)
- 성령의 내주 사역 (롬 8:11; 고전 3:16; 딤후 1:14)
- 성령 충만의 사역 (행 4:8, 31; 엡 5:18)
- 성령이 죄를 깨닫게 하시는 사역 (요 16:7~11)
- 성령의 중생 사역 (요 3:3~6; 딛 3:5, 6)
- 성령이 확신을 주시는 사역 (고전 2:12~16; 요일 4:13, 5:7)
- 성령의 성결 사역 (롬 8:11, 12; 고후 3:18; 살후 2:13)
- 성령의 가르침의 사역 (요 16:13; 고전 2:13)
- 성령의 중보 사역 (롬 8:26)
- 성령의 능력을 부여하시는 사역 (눅 4:14, 18, 19; 행 1:8; 롬 15:13, 19)
- 성령의 위로/도움의 사역 (요 14:16, 16:7; 행 9:31)
- 성도가 성령으로 충만해야 할 책임 (갈 5:16~26; 엡 5:18)

자료

 리더십에 관해 자주 묻는 질문들

Q__ 리더십의 은사를 받은 사람만이 탁월한 소그룹 리더가 될 수 있는가?

A__ 아니다. 성경은 교회 안의 대부분의 리더들이 목자로 세워졌다고 말하고 있다. 목양의 은사는 일반적으로 격려나 권면, 안내와 비전 제시 등을 잘 해내는 것을 말한다. 또한 리더십의 은사를 받았다고 해서 반드시 탁월한 소그룹 리더가 되는 것도 아니다. 소그룹 리더십은 특정한 대인관계 기술이나 특정한 기질을 요한다. 어떤 리더들은 '예언적' 리더십을 가지고 있기도 하고 비전 제시와 진리 선포로 큰 그룹을 인도하게 되기도 한다. 그런 리더들은 소그룹 리더로서는 그리 큰 역량을 발휘하지 못할 수도 있다. 스스로에게 질문해 보라. 나는 사람들을 목양하기 원하는가? 관계를 맺는 능력이 있는가? 사람들을 사랑하는 마음이 있는가? 소그룹 인도에 필요한 기술을 계발하려는 소원함이 있는가?

Q__ 내가 리더로서 성장하고 도전을 받고 있는지 확인할 수 있는 방법은?

A__ 성장하는 리더는 규칙적인 기도 생활과 말씀 묵상에 힘쓴다. 또한 리더로서의 영적 성장과 성숙을 상호 점검해 주는 대상이 있어야 한다. 이런 관계는

소그룹 모임이나 다른 소그룹 리더들과의 리더십 모임에서, 또는 그 부서 리더들과 개발할 수 있다. 그러나 주도적으로 발걸음을 내딛어서 상호 격려하는 관계를 형성하는 것은 당신의 책임이다. 리더는 가만히 앉아서 다른 사람들이 자신에게 와서 관계를 형성하려 할 때까지 기다려서는 안 된다. 관계를 주도해야 한다. 그것이 리더십이다.

Q__역량 있는 영적 리더로서 갖춰야 할 자질들을 현재 소유하고 있지 않다면 어떻게 해야 하는가?

A__크리스천 리더로서 갖추어야 할 모든 자질을 다 소유한 사람은 없다. 우리 모두는 그리스도의 형상을 닮아 가는 과정에 있다. 가장 중요한 것은 내가 성장해야 할 영역이 무엇인지 알고, 그런 면에서 나를 돌보는 이들이나 부서 리더들과 계획을 세워 성장해 가는 일이다. 기억해야 할 것은 성품과 역량의 양면에서 모두 성장해 나가야 한다는 것이다. 높은 수준의 리더십에는 이 두 가지가 다 필요하다.

 **참고도서**

● 리더십

『Everyone's a Coach』(누구나 코치이다), 돈 슐라·켄 블랜처드 공저

이 책의 공저자이며 경험이 풍부한 컨설턴트 켄 블랜처드는 "당신이 사장이든, 보이스카우트의 보장이든, 4명의 직원을 둔 상사이든, 부모이든, 당신은 다른 사람들의 인생이 승리하도록 도울 수 있는 가능성을 가지고 있다"고 말한다. 슐라와 블랜처드는 누구든지 훌륭한 리더가 되기 위해 사용할 수 있는 다섯 가지 비결을 제시한다.

『Leaders』(리더들), 워렌 베니스 · 버트 네이너스 공저

베니스와 네이너스는 자기 관리와 리더 관리, 비전 창출, 비전의 커뮤니케이션, 신뢰 형성, 조직 관리에 초점을 맞춘다. 개인 및 조직의 리더십 전략을 강조하는 책이다.

『리더쉽은 예술이다』, 맥스 드프리, 한세

드프리는 경제계에서 그리스도인으로 활약하고 있는 사람이다. 그는 <포춘> 지가 선정한 미국에서 가장 잘 관리되고 있는 10개 회사 중 하나인 허만 밀러 사의 전 CEO였다. 그는 개인적 성장 및 직장생활에 적용할 수 있는 리더십 원리들을 제시한다.

『영적 지도자 만들기』, 로버트 클린턴, 베다니 출판사

크리스천 리더십에 관한 한 가장 좋은 책일 것이다. 리더십의 6단계와 함께 현재 나는 어느 단계에 와 있는지 점검할 수 있다. 또 차세대 리더들을 키우는 일에도 많은 도움이 될 것이다.

『영적 지도력』, 오스왈드 샌더스, 요단

샌더스는 영적 지도력이 타고난 자질과 영적 자질의 결합이라고 말한다. 이 책은 기독교의 고전이다. 출간된 지 오래되었고 남자들을 1차 독자로 삼고 있지만, 리더십 전반을 다루고 있으며, 성경적인 원리들을 제시한다는 점에서 명서로 꼽힌다.

『소그룹 성경공부』, 로베르타 헤스테네스, 두란노

어떻게 그룹에서 성경공부를 하고 토론을 전개하는가에 관한 고전이다.

● 기도

『나를 변화시키소서!』, 이블린 크리스텐슨, 서울말씀사
『기도』, 리처드 포스터, 두란노
『기도의 능력』, E. M. 바운즈, 생명의말씀사
『너무 바빠서 기도합니다』, 빌 하이벨스, IVP

● 성령
『성령의 불꽃에로 더 가까이』, 찰스 R. 스윈돌, 도서출판 서로사랑
『성령을 아는 지식』, 제임스 패커, 홍성사

● 전도
『예수를 전염시키는 사람들』, 빌 하이벨스 · 마크 미텔베르그 공저, 두란노
『이렇게 전한다』 펄 리틀, 생명의말씀사
『빛으로 소금으로』, 레베카 피펏, IVP

● 영적 훈련
『영적 훈련과 성장』, 리처드 포스터, 생명의말씀사
『The Life You've Always Wanted』(당신이 항상 원했던 삶), 존 오트버그, 국제제자훈련원 출간 예정
『영성훈련』, 댈러스 윌러드, 은성

제3부

견습 리더 계발하기

앞에서 소그룹 리더의 역할과 책임을 분명히 알게 되었다면, 이제는 당신의 리더십 팀을 형성할 때이다. 교회에서 "어떤 사람도 홀로 서 있지 않게" 하려면 더 많은 그룹들이 필요하며, 다시 말해서 그것은 더 많은 리더들이 필요하다는 의미이다. 언젠가는 당신이 받은 리더십의 배턴을 다른 사람에게 넘겨주어야 할 때가 올 것이다. 그 사람(혹은 사람들)이 당신의 견습 리더다. 그 사람은 실제적인 소그룹 현장 경험을 통해 당신으로부터 리더십을 배울 것이다. 서로의 리더십을 점검해 주는 것은 성경적이며, 현실적으로도 필요하다. 제3부에서 당신은 견습 리더들을 발견하고 계발하여 앞으로 전진하는 데 필요한 기술과 경험들을 전수하는 방법을 발견할 것이다. 당신이 계발하는 사람에게 책임을 위임하는 것도 배울 것이다.

그리고 어느 날 당신의 그룹에 새 리더들이 등장하여 교회 안의 다른 사람들을 목양하게 될 때 당신은 수고의 열매를 보게 될 것이다. 그리하여 이런 식으로 당신은 지역사회에 다가가 전도하는 공동체를 지속적으로 낳을 수 있을 것이다.

견습 리더 계발

 견습 리더 찾아내기

왜 나에게 견습 리더가 필요한가?

한 교회의 생명력과 역량은 그 교회의 리더십의 수준과 직접적인 관련이 있다. 메타교회 소그룹 모델은 교회 안에서 끊임없이 리더를 계발할 것을 강조한다. 교회의 책임은 새로운 리더들을 파악하고 계발하여 선교 사명을 성취함으로써 교회 안의 많은 사람들을 목양하는 것이다. 예수님께서는 12명의 제자들을 데리고 본을 보이셨으며, 바울도 디모데에게 이것을 하라고 권했다(딤후 2:2). 윌로크릭은 에베소서 4장 12절에서 명한, 그리스도의 몸을 움직이게 하고 세움으로써 하나님께서 각 사람에게 주신 사역을 성취한다는 사명을 따른다. 소그룹 리더의 의무와 특권은 다음 세대의 리더들을 훈련해서 효과적으로 배턴을 넘겨주는 것이다. 새로운 리더들에게 미래가 달려 있다. 그러므로 함께 팀을 이루어(리더, 코치, 부서 리더, 사역 디렉터) 하나님의 나라를 섬기는 새로운 리더들을 끊임없이 세우라.

견습 리더 계발은 배가의 원리를 사용한다. 예를 들면, 한 능력 있는 전도자가 하루에 1,000명을 그리스도께로 인도할 수 있다 해도 1만 3,515년이 걸려야 전 세계를 그리스도께로 인도할 수 있다. 그러나 매우 효과적인 제자훈련자가 1년에 2

명을 가르치고 훈련시킨다면 33년 후에 전 세계를 그리스도께로 인도할 수 있는 잠재력을 갖는다. 우리 자신을 배가시키면 우리의 사역도 배가된다.

견습 리더를 누가 찾아낼 것인가?

견습 리더들의 3분의 2 정도는 소그룹 리더들이 찾게 된다. 나머지 3분의 1은 코치, 부서 리더, 같은 사역 부서 내의 다른 사람들이 협력하여 찾게 된다.

역량 있는 견습 리더를 어떻게 알아볼 것인가?

1. 공동체를 우선순위에 두는 구성원을 찾아보라.
2. 리더인 당신의 리더십에 도전하는 사람들을 눈여겨보라. 혹 인도할 기회를 얻지 못해 좌절감을 느끼는 잠재적 리더일지 모른다.
3. 은사 있는 사람들을 찾으라.
4. 시간을 정해 놓고 새로운 견습 리더를 찾는 기도를 하라(눅 6 : 12~16).
5. 소그룹에 비전을 품은 사람을 찾으라.
6. 당신의 사역 부서의 사람들이 다른 사람들과 함께 일하는 모습을 관찰하라. 사역의 기회를 주고 책임을 맡겨 리더십의 잠재력을 체크해 보라.
7. 아래의 영적, 정서적, 사회적 자격을 가진 사람들을 찾으라.

- 영적 자격
  - 자신의 삶 가운데 하나님께서 역사하시는 것을 체험하고 있는가?
  - 스스로 영의 양식을 먹을 수 있는가? (규칙적인 말씀 묵상과 기도 생활을 통해 영적으로 성장하고 있는가?)
  - 열심히 배우려 하는가? (영적 토론에 적극적으로 참여하는가?)
  - 소그룹의 비전을 공유하고 있는가?

− 정서적 자격
- 그룹 안에서 자신의 약점을 정직하게 인정할 수 있을 만큼 안정되어 있는가?
- 정서적으로 안정감이 있는가? (자신의 장단점을 잘 알고 있으며, 그룹 역학에 영향을 미칠 정도로 감정 변화가 심하지 않은가?)
- 자신의 인격 계발에 도움이 되는 직언을 들었을 때 어떻게 반응하는가? 방어적인가, 혹은 건전한 반응을 보이는가?

− 사회적 자격
- 모임을 주장하려 하지 않고 열린 마음으로 참여하는가? (반대 의견에 어떻게 반응하는가?)
- 상대방을 배려하는 태도로 귀 기울여 듣는가?
- 토론을 촉진시키는가?

찾아낸 견습 리더가 견습을 거절한다면 어떻게 하겠는가?

● 견습을 거절하는 전형적인 이유들
− "시간이 없어요." 사람들은 중요한 일에는 어떻게든 시간을 낸다는 것을 기억하라. 그리스도의 몸 안에서 견습 리더의 중요성을 이야기하라. 그들이 당신과 함께 소그룹을 인도하는 도전을 받아들일 때 생명의 변화가 일어난다는 비전을 제시하라.
− "리더십의 은사가 없습니다." 리더십은 주로 성품의 문제라고 권면하라. 성품과 역량(리더십 기술)을 키우는 데는 시간이 걸린다. 그가 잠재적 리더로서의 기본적인 성품을 갖춘 사람이라면, 리더십의 역량 역시 계발할 수 있을 것이라고 말해 주라.
− "나는 리더 타입이 아닙니다." 이런 경우에는 '리더 타입'이 무엇을 의미하는지 물어보라. 아마 리더십에 대해 성경적이지 않은 정의를 가지고 있을 것이

다. 지시하고 통제하는 사람을 리더라고 생각하고 있을지 모르지만, 정반대로 다른 사람들을 돌보고, 목양하고, 제자로 훈련하고, 사랑함으로써 삶의 변화를 촉진하는 사람이 리더이다.

견습 리더를 제대로 찾은 건지 어떻게 확인할까?

- 반드시 코치와 면담시키라.
- 부서 리더나 사역 디렉터(교역자)와 면담시키라.
- 이 사람과 함께 사역했던 사람들이나 이 사람을 잘 아는 사람들의 이야기를 반드시 들어 보라.
- 기쁘게 가르침을 받으며, 배우려는 자세가 있는지 확인하라.

견습 리더를 찾기 어렵다면 어떻게 해야 할까?

견습 리더를 찾는 일은 또 하나의 영적 전쟁이라는 사실을 잊지 말라. 기억해야 할 것은 우리가 그리스도의 몸에 영향을 미칠 수 있고, 사탄은 우리가 새로운 리더를 길러내는 것을 싫어한다는 것이다. 견습 리더를 뽑을 때 가장 중요한 것은 기도이다. 코치나 사역 디렉터들도 자격 검증자의 기능으로 돕지만, 성령과 기도의 역할이 필수적이다. 기억해야 할 것은 견습 리더를 찾아서 훈련하는 일이 전도 못지않게 중요하다는 것이다. 어느 날엔가 이 사람이 소그룹을 이끌며 더욱 많은 사람들을 전도하게 될 것이기 때문이다.

견습 리더가 견습에 앞서 알아야 할 것은 무엇인가?

- 리더의 업무를 이해할 수 있도록 돕는다. 그리고 견습 리더는 리더처럼 업무 규정을 완수할 필요는 없음을 꼭 알리라. 그들은 배우는 중이라는 것을 기억

하라.
- 견습 훈련 기간을 정확히 알려 주어야 한다. 견습 리더가 한 소그룹을 인도하려면 대개 12~18개월 정도의 훈련 기간이 소요되며, 사역의 필요와 견습 리더의 성숙도에 따라 달라질 수 있다.
- 그의 성장과 격려에 필요한 적절한 훈련과 자료들이 항상 준비되어 있다고 설명하라.
- 소그룹의 비전과 가치를 분명하게 이해하고 있는지 확인하라. 교회에서 리더에게 요구하는 필수 훈련에 반드시 참석하게 해야 한다. 교회에 정식으로 등록하지 않았다면, 그 절차를 밟도록 하라.

견습 리더에게 무엇을 기대해야 하는가?

아래의 두 표는 견습 리더에서 리더가 되는 과정을 보여주고 있다. 그리스도의 몸 된 교회에서 가장 재미있고 도전적인 경험 중의 하나는 견습 리더에서 리더가 되는 여정이다. 견습 리더로서 훈련받는 여정 중에서 갖춰야 할 자질, 과정, 책임을 알고 있어야 한다.

● 필요한 자질

소그룹 리더십의 본질은 인격과 사역 기술의 조합이다.

인격	사역 기술
계발되어야 한다.	제공된다.
시간이 걸린다.	훈련과 연습이 필요하다.
리더 자격 박탈의 이유가 될 수 있다.	부족하면 리더십을 맡는 것이 지연된다.
하나님/이웃과의 관계를 포함한다.	업무와 관련된다.
내적 기준이다.	외적 기준이다.
역경 속에서 검증되며, 조용하게 발달된다.	조용히 사용되며 역경 속에서 검증된다.

인격과 사역 기술에 대한 성경적 가이드라인

인격의 기준	사역 기술의 기준
막 10 : 35~45 (종의 자세)	딤전 3 : 1~7 (가르칠 수 있고 책임을 감당할 수 있음)
요 13 : 34, 35 (사랑)	딛 1 : 9 (바른 교리를 수호함)
딤전 3 : 1~7 (흠 없는 삶)	롬 12 : 8 (부지런히 인도함)
갈 5 : 22, 23 (열매 맺는 삶)	벧전 5 : 1~4 (열심으로 목양함)

리더로서 가져야 할 이러한 특징들을 소그룹을 처음 맡게 될 때부터 모두 소유해야 하는 것은 아니다. 이것을 목표로 삼아 그리스도 안에서 성숙해 가면서 계발하라. 윌로크릭에서는 새가족 모임 과정 중에 기본 인격과 리더로 준비되어 있는 정도를 평가한다.

 견습 리더 계발의 단계

견습 리더 계발의 세 단계는 우리가 인생의 초기에 거치게 되는 단계들과 비슷하다. 의존적, 독립적, 상호의존적 단계들이 진행되는 것이다. 바로 유아기, 사춘기, 청장년기에 비유할 수 있을 것이다.

1_의존적(유아기)
- 리더십을 탐색한다.
- 배울 수 있는 것은 모두 배운다.
- 관찰자가 된다.
- 리더에게 의존한다.
- 종의 마음을 갖춰 간다.
- 그룹을 강하게 의지한다.

2_독립적(사춘기)
- 현재의 리더보다 더 잘 인도할 수 있을 것 같다고 느낀다.
- 자신은 그룹에 소속될 필요가 없다고 생각한다.
- 자신에게 현재의 리더가 필요하지 않다고 생각한다.
- 리더의 역할을 배운다.

주의사항 : 이 과정은 정상적인 성장 과정이기는 하지만 반면에 아주 위험한 시기이기도 하다. 자신이 지금의 리더보다 더 좋은 리더이며, 그룹을 쉽게 인도할 수 있을 것이라고 생각하게 되기 때문이다. 이런 느낌은 그룹에서 더 큰 책임을 맡고 리더십 공유에 좀더 직접적으로 참여할 때라는 것을 나타내는 징후일 수 있다. 목표는 이 단계에 머무는 것이 아니다. 그리스도 안에서 우리는 상호의존적이 되어야 한다. 반드시 세 번째 단계인 상호의존적인 단계로 나아가기를 힘써야 한다.

3_상호의존적(성인기)
- 그룹에서 존경을 받는다.
- 그룹을 존중한다.
- 그룹 안에서 리더십이 확증된다.
- 그룹이 그를 필요로 한다.
- 리더와 팀으로 사역한다.
- 리더와 주인의식을 공유한다.
- 리더의 역할과 함께 종의 마음을 겸비한다.

주의사항 : 이제 새 그룹을 탄생시킬 때가 된 셈이다. 혼란스럽고, 불확실한 느낌이 들고, 두렵고, 자격 미달이라는 마음이 들어도 흔들리지 말라. 이런 마음은 리더에게 필요한 성품인 겸손을 갖게 해 준다. 이런 마음이 든다는 것은 이제 당신이 새 그룹을 탄생시킬 준비가 되었고 영적 성장을 위한 도전을 받아들일 준비가

되었다는 징후이다.

견습 리더의 네 가지 책임(4L)

1_사랑하라(Love). 그룹의 리더와 그룹을 사랑하고 지지하며, 그리스도의 사랑의 본이 되기 위해 할 수 있는 모든 것을 하라. 사람들을 사랑하고 돌보는 일에 적극적인 역할을 하라. 리더와 목양의 사역을 나누어 하라.

2_배우라(Learn). 리더가 하는 일 또는 하지 않는 일들을 통해 배우라. 리더와 대화를 나누며 모임 후에 평가하라. 찬성하는 부분과 그렇지 않은 부분에 대해 토론하라. 이 과정에서 리더십이 무엇인지를 보고 배우게 된다. 또한 리더십을 훈련받을 기회가 주어지거나 리더가 추천한다면 훈련을 받으라.

3_인도하라(Lead). 리더에게 여러 면에서 그룹을 인도할 수 있는 기회를 달라고 요청하라. 기도 시간을 인도한다든지, 토론 시간을 한두 번 인도해 보도록 하라. 시간이 지나면서, 그룹의 주인의식과 리더십을 더욱 많이 소유하라. 모임 현장에서 리더십을 연습해야 더욱 훌륭한 리더가 될 수 있다. 견습 리더가 된 지 12~18개월이 지나면 소그룹을 인도해야 한다. 이 시간을 활용하여 성장하고, 여러 가지 리더십 기술들을 마스터하라.

4_관찰하라(Look). 견습 리더로 사역하는 동안, 또 다른 견습 리더가 될 만한 사람들을 보아 두어야 한다. 이런 질문을 해 보라.
- 누가 리더의 가능성을 가지고 있는가?
- 종의 마음을 가진 사람은 누구인가?
- 배우려는 마음을 가진 사람은 누구인가?

- 내가 교회에서 함께 시간을 보내는 사람들 중에 소그룹에 아직 참여하지 않고 있는 사람은 누구인가?

 견습 리더 훈련

견습 리더나 리더가 다른 견습 리더를 양성할 때 도움이 되는 조언들

1. 견습 리더와 함께 이 책을 공부하라. 필요한 주제를 선별하여 제시된 원리와 정보들을 어떻게 모임에 적용할 수 있을지 토의해 보라.

2. 견습 리더에게 소그룹 리더십을 보여주는 모델이 되라. 견습 리더에게 모델이 될 수 있는 사람은 그 그룹의 리더밖에 없다.

3. 견습 리더에게 모임을 인도할 수 있는 기회를 주라. 계속해서 여러 분야의 책임을 맡겨 보라.

4. 견습 리더와 교대로 서로를 평가해 보라. 견습 리더가 모임의 한 부분을 인도했다면 반드시 피드백을 해 주라. 또 견습 리더도 리더에게 그렇게 할 수 있게 해야 한다. 서로 평가할 수 있도록 평가 영역과 질문들을 만들라.

5. 그의 개인적인 필요와 사역 발전을 위해 정기적으로 기도하라.

6. 견습 리더가 스스로 지금 단계에서 어떤 훈련을 받아야 할지 결정하도록 도와주라. 코치와 상의해서 견습 리더가 적절한 훈련의 기회를 갖고 훈련 과목을 수강하게 하라.

7. 사역에 참여할 기회가 있을 때마다 견습 리더를 동반하라. 환자를 심방할 때나 리더십 모임이 있을 때 견습 리더를 동반하라. 코치와 회의할 때도 견습 리더를 참여시키라. 코치가 당신의 그룹을 방문하게 될 때, 반드시 코치와 견습 리더가 함께하는 시간을 갖게 하라.

8. 당신의 견습 리더가 또 다른 견습 리더를 찾아낼 수 있도록 하라. 견습 리더가 너무 많다고 고민할 필요는 없다. 새로운 그룹을 낳으려면 새 견습 리더가 항상 옆에 있어야 한다.

9. 오른쪽에 나오는 '견습 리더 훈련 계획표'를 참고하라. 매월 견습 리더와 어떻게 동역할 것인지 계획할 수 있게 구성되어 있다. 계획표는 네 부분으로 나뉘어 있다. 1) 견습 리더가 모임 가운데서 할 일, 2) 견습 리더가 구성원들과 할 일, 3) 견습 리더 개인의 성장, 4) 장기 계획과 목표. 매월 견습 리더와 이 계획표를 놓고 토의하라.

10. 교회의 등록 교인이 되는 과정을 도와주라.

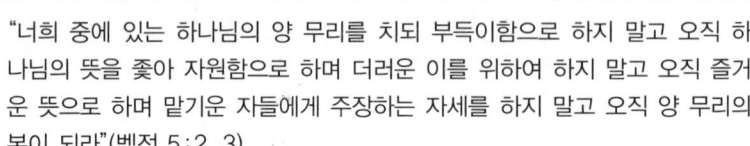

"너희 중에 있는 하나님의 양 무리를 치되 부득이함으로 하지 말고 오직 하나님의 뜻을 좇아 자원함으로 하며 더러운 이를 위하여 하지 말고 오직 즐거운 뜻으로 하며 맡기운 자들에게 주장하는 자세를 하지 말고 오직 양 무리의 본이 되라"(벧전 5:2, 3).

견습 리더 훈련 계획				
월	모임	참여 멤버	개인 성장	장기적 계획

자료

 견습 리더 계발에 관해 자주 묻는 질문들

Q__훈련받던 견습 리더가 더 이상 견습을 하지 않겠다고 하면?
A__이런 일이 종종 일어날 수 있다. 코치와 상의하고 방법을 찾는 것이 최선이다. 아마도 새로운 견습 리더가 필요할 것이다. 새로운 견습 리더를 찾으려면 부서 리더들과 상의하라. 사임하는 견습 리더를 위한 적절한 과정이 필요하다는 것을 기억하라. 그만두기 때문에 부끄럽다거나 자신이 부족하다고 느끼게 될 수 있다. 그들이 그리스도 안에서 계속 성장하도록 도와주고 격려해 주겠다는 것을 알려 주라. 그룹 내의 구성원들에게 궁극적인 결정은 하나님께서 하시는 것이며 하나님께서 사람들의 마음속에서 역사하고 계시다는 것을 이해시키라.

Q__한 그룹에 몇 명의 견습 리더가 적당한가?
A__많을수록 좋다. 어떤 그룹은 전부가 견습 리더가 될 수도 있다. 이런 그룹을 '터보그룹'이라고 한다. 이런 그룹은 약 6개월 정도 지속되다가 새로운 그룹을 낳고 각 견습 리더가 각기 새 그룹을 맡는다. 한 그룹에 두 명의 견습 리더가 있는 것이 가장 이상적이다. 이렇게 되면 예측하지 못한 일이 생기

더라도 (직장 때문에 이사를 간다든가, 견습 리더가 사임한다든가, 가정의 어려움과 위기 상황 때문에 리더로서의 발전을 보류해야 한다 하더라도) 대처할 수가 있다. 견습 리더들이 너무 많아서 문제일 수는 없다.

Q__리더가 견습 리더인 나에게 사역의 기회를 주지 않는다면?
A__리더에게 직접 이야기하라. 사랑하는 마음으로, 그러나 직접적으로 말해야 한다. 당신이 리더로서의 역량을 늘려 가고 싶다고 요청하라. 모임의 특정 부분을 인도하게 해 달라고 요청하라. 리더가 병원 심방이나 면담 등의 사역을 위해 가는 길에 동행하게 해 달라고 요청하라. 시간이 흘러도 리더가 응하지 않는다면 코치에게 이야기하는 것도 도움이 될 것이다.

Q__견습 리더가 본래의 리더보다 더 능력 있다면?
A__이런 일이 종종 일어날 수 있다. 어떤 때는 리더가 선발한 견습 리더가 소그룹을 인도하는 데 큰 은사가 있는 사람일 수 있다. 이런 경우 코치와 상의하여 해결하는 것이 최선이다. 코치가 여러 가지 해결책을 추천할 것인데, 거기에는 그룹을 나누는 것, 빨리 새 그룹을 탄생시키는 것, 새로운 두 그룹을 만들어서 각 그룹에 새 견습 리더를 세우는 것 등이 있다. 어떤 경우든 코치나 부서 리더와 상의해서 문제를 해결하는 것이 가장 좋다. 이런 상황은 리더인 당신이 훌륭한 리더를 식별하고 세워 주는 데 은사가 있다는 것을 의미한다!

참고도서

『왜 소그룹으로 모여야 하는가』, 개러스 아이스노글, 도서출판 옥토
예수께서 12제자에게 하신 사역을 기초로 소그룹을 위한 건전하고 영감 있는 성

경 신학을 개발했다. 그룹과 리더십 계발에 대한 성경적 이해가 필요한 리더들에게 좋은 책이다.

『다가오는 교회 혁명 이렇게 대비하라』, 칼 조지, 요단
교회에서 리더들을 양성하는 데 필요한 전략을 개관한다.

『인도 : 삶으로 전달되는 지혜』, 폴 스탠리·로버트 클린턴 공저, 네비게이토
다양한 종류의 멘토링과 그 개발 방법에 초점을 맞추고 있다.

제4부

그룹 생활

소그룹 사역과 견습 리더 훈련에 분명한 비전을 갖게 되었다면, 이제 그룹 생활에 초점을 맞춰 보자. 제5부에서는 그룹을 참된 공동체로 만드는 방법에 대해 이야기하려 한다. 먼저 그룹의 틀이 되는 공통의 가치를 살펴보고, 사람들이 공동체 안에서 어떻게 관계를 맺어 가는지 살펴볼 것이다. 그 다음에는 그룹을 위한 비전을 창출하고 제시하는 방법, 그룹 생활의 주요 요소들, 의사소통, 그룹 성장 단계, 서로에 대한 헌신의 언약을 만드는 방법 등을 설명할 것이다.

사람들은 작은 그룹으로 모여 삶을 나누고 서로를 격려하는 분위기를 좋아한다. 또한 이해와 돌봄을 받고 계발되기 원한다. 이러한 구성원들의 필요를 채워 주려면 리더들이 그리스도를 닮아 갈 수 있는 그룹 환경을 조성해 주어야 한다. 그래야 하나님께서 당신의 소그룹에 갖고 계신 목표와 목적을 성취하며 삶을 변화시키는 소그룹 모임의 기반이 형성될 것이다.

소그룹의 가치들

 소그룹의 핵심가치

모든 그룹은 목표와 기대에 따라 움직인다. 그 목표와 기대들은 말이나 글로 표현되지 않을 수도 있다. 그러나 소그룹의 목적과 가치를 분명히 하고 그것에 대해 자유로이 의사소통을 하려면 핵심가치들을 성문화하는 것이 중요하다. 아래에 소그룹에서 맺어지는 관계의 핵심가치들을 제시하고 있다. 그러나 이것은 가치체계의 한 예일 뿐이다. 그룹이 가진 핵심가치의 목록을 구성원 모두가 함께 작성해야 한다. 그 그룹이 감당해야 하는 사역이 무엇인지 고려하면서 그룹에 맞는 방법을 결정하라. 가장 중요한 것은 구성원들이 서로 세워 주고 그리스도 안에서 성숙해 가는 일에 헌신하게 하는 것이다.

> "내가 남을 보려면 먼저 남에게 나를 보여주어야 한다. 앞에 있는 사람이 선글라스를 벗을 때 그의 말을 이해하기가 더 쉬워지는 것처럼 말이다."
>
> 휴 프래터

1_인정 : 구성원들이 서로를 인정하고 격려하며, 그리스도 안에서 서로 세워 주

고, 서로의 성장을 돕는 분위기를 조성하는 것이 중요하다.

2_헌신 : 구성원들과 그들의 가진 자원이 서로를 위해 사용되어야 한다. 시간, 관심, 깨달음, 물질적 자원까지 서로를 위해 사용되어서 서로의 필요를 채우고 섬겨야 한다.

3_기도 : 그룹 생활에서 기도는 소중하다. 그룹이 하나님 앞에 함께 모여서 찬양하고, 간구하고, 죄를 고백하고, 하나님께서 하신 모든 일에 대해 감사 드리는 것이다. 기도할 때 모든 것이 하나님으로부터 옴을 고백하게 되기 때문에 구성원들은 겸손해질 수 있다. 그리고 기도하면서 자신이 소중함을 느끼고 자신의 가치를 이해하게 된다. 또한 하나님께서 그룹 구성원들의 기도제목에 응답하시는 것을 볼 때, 그룹 전체가 큰 격려를 받게 된다.

4_열린 태도 : 그룹 안의 관계들이 열려 있을 때 구성원들은 더 정직해지고, 자신의 감정, 갈등, 기쁨, 아픔을 더 쉽게 나눌 수 있다. 진실한 관계를 이루는 것은 서로에게 열린 자세를 가지고 새로운 구성원들을 그룹으로 기꺼이 초청하는 것에서부터 시작된다.

5_정직 : 진실한 관계를 이루려면 당연히 서로에게 정직해야 한다. 그룹 구성원들 간에 신뢰가 형성되려면 사랑 안에서 진실을 말해야 한다. 그렇게 하여 "범사에 그에게까지 자랄지라 그는 머리니 곧 그리스도라"(엡 4:15)라고 하나님은 명령하신다.

6_안전 : 정직하고 열린 관계는 안전하게 보호되어야 한다. 즉 그룹 안에서 말한 것은 대외적으로는 철저히 비밀로 부쳐져야 하고, 서로의 의견이 존중되고, 차이점이 받아들여져야 한다.

7_비밀 유지 : 안전의 일환인 대외적 비밀 유지가 이루어져, 그룹 안에서 나눈 이야기가 다른 곳에서 반복되지 않을 때 구성원들은 마음을 더 많이 열 수 있다.

8_관심 : 구성원들의 필요, 감정, 배경, 현재의 상황 등에 민감할 때 그룹 내의 관계 형성이 촉진된다.

9_상호 점검 : 진실한 관계 속에서의 상호 점검이란, 자신이 부족한 영역에서 다른 구성원들의 지지, 격려, 도움을 기꺼이 받아들이는 것이고, 그들이 그 영역에서 당신을 지원할 수 있도록 책임을 부여하는 것이다.

10_전도 : 간증 모임, 또는 친교 모임을 통해 그룹 밖의 사람들을 그룹에 초청하는 등의 그룹 단위의 전도를 통해 성도들의 공동체를 확장하는 데 헌신하는 것이다.

11_배가 : 당신의 그룹이 성장하여 새 그룹을 낳게 된다면, 더 많은 사람들이 성도들의 공동체에 연결되고 그리스도와의 관계에서 성장하게 된다는 비전을 성취해 가는 것이다.

 그룹 형성

그룹의 비전 제시

비전은 사람들의 가슴을 뜨겁게 해 준다. 그것은 바로 당신이 원하는 미래의 그림, 당신이 되고 싶은 것이다. 비전은 호소력이 강하고, 그룹을 하나로 묶어 준다. 예를 들어, 한 그룹의 비전선언문은 다음과 같을 수 있다.

"그리스도를 닮아 가는 믿음의 공동체가 되기 위해 말씀을 통해 영적으로 성장하고, 서로 섬기고 돌아보아 인간관계가 성장하고, 정직하게 연약한 모습도 그대로 드러내는 대화와 교제를 통해서 정서적으로 성장하며, 일 년에 두 사람을 그룹에 더함으로 수적으로 성장한다."

> **TIP**
> "사역의 비전은 하나님께서 자신의 나라를 확장하기 위해 당신을 통해 무엇을 하기 원하시는가를 나타낸다."
> 조지 바나, 『비전있는 지도자 비전있는 사역』

비전선언문이 갖춰야 할 요건은 다음과 같다.

1. 간결해야 한다. 한두 문장으로 이루어진 비전선언문을 만드는 것은 쉽지 않다. 그러나 그러한 과정에서 그룹은 아주 정확한 단어들을 선택하여 비전을 정의하게 된다. 길고 장황한 비전선언문은 기억하기 어렵고 전달하기도 까다롭다.

2. 명확해야 한다. 누구나 비전을 분명하게, 그리고 쉽게 이해할 수 있어야 한다. 예를 들어 위의 비전선언문에서는 이 그룹이 개인적으로, 그리고 수적으로 성장하기를 원한다는 비전이 명확하게 드러난다.

3. 일관성이 있어야 한다. 그룹의 비전이 교회 전체의 비전과 연결되는가? 그룹의 비전선언문은 교회의 목적과 어떤 식으로든 직접적 연관성이 있어야 한다.

4. 설득력이 있어야 한다. 담겨 있는 비전이 현실적인가? 그룹이 그것을 중심으로 모일 만한 가치가 있는가? 그룹이 거기에 대해 열정을 갖는가?

5. 쉽게 공유되어야 한다. 멤버들이 비전에 대해 부담없이 나눌 수 있는가? 구절이나 단어들이 쉽게 말하고 기억할 수 있는 것이어야 한다. 위의 비전선언문은 영적 · 인간관계 · 정서적 · 수적 성장이라는 개념 중심으로 되어 있다.

6. 함께 만들어야 한다. 비전선언문은 구성원들이 함께 협동하여 만들어야 한다. (그렇지 않으면 적어도 사역에 꾸준히 참여하는 사람들이 함께 모여서 만들어야 한다.) 이렇게 해야만 그룹 전체가 가진 가치들을 반영할 수 있다. 사람들이 비전을 자기 것으로 소유할수록 그 비전에 더욱 헌신할 수 있다. "묵시(vision)가 없으면 백성이 방자히 행한다"는 성경 말씀을 기억하라. 비전이 없다면 구성원들이 향방 없이 방황하며 목적의식을 상실할 것이다.

그룹의 목표 수립

삶의 변화를 위한 계획	날짜 : _____
	리더 : _____

(구성원들이 원하는 4~6개월 후의 그룹의 모습을 묘사하라. 그 변화의 과정에서 필요한 행동지침과 목표 시일을 간단히 기록하라.)

영적 성숙을 위해	구체적으로 _____ 개월 후에 우리 그룹은 이렇게 되기를 원한다. _____
	그룹 리더로서 나는 이렇게 하겠다. _____
	_____ 년 _____ 월 _____ 일까지
관계의 성장을 위해	구체적으로 _____ 개월 후에 우리 그룹은 이렇게 되기를 원한다. _____
	그룹 리더로서 나는 이렇게 하겠다. _____

	_____ 년 _____ 월 _____ 일까지
안전한 환경을 조성하기 위해	구체적으로 _____ 개월 후에 우리 그룹은 이렇게 되기를 원한다. _____ 그룹 리더로서 나는 이렇게 하겠다. _____ _____ 년 _____ 월 _____ 일까지
활기차고 즐거운 분위기를 만들기 위해	구체적으로 _____ 개월 후에 우리 그룹은 이렇게 되기를 원한다. _____ 그룹 리더로서 나는 이렇게 하겠다. _____ _____ 년 _____ 월 _____ 일까지
그룹 밖의 사람들을 초대하기 위해	구체적으로 _____ 개월 후에 우리 그룹은 이렇게 되기를 원한다. _____ 그룹 리더로서 나는 이렇게 하겠다. _____ _____ 년 _____ 월 _____ 일까지
새로운 그룹을 낳기 위해	구체적으로 _____ 개월 후에 우리 그룹은 이렇게 되기를 원한다. _____ 그룹 리더로서 나는 이렇게 하겠다. _____ _____ 년 _____ 월 _____ 일까지

그룹 생활의 핵심 요소

많은 종류의 그룹이 있지만, 어떤 그룹이라도 아래의 공통 요소와 가치들은 가지고 있게 마련이다.

모든 그룹이 갖추어야 할 6가지 핵심요소들이 있다. 그룹의 주제가 업무 그룹이든, 어린이 그룹이든, 성인 가정 그룹이든, 봉사 그룹이든, 이 6가지 요소가 소그룹의 틀이 되어야 한다. 그룹이 어디에 초점을 맞추느냐에 따라 6가지 요소 중 한 가지를 특히 더 강조할 수는 있다. 그러나 6가지 모두가 소그룹 생활에 나타나야 한다.

1_영적 변화를 추구하라. 성경의 진리가 구성원들의 삶과 조우할 때 변화가 시작된다. 어떤 그룹은 교리적 진리와 성경공부에만 치중하는 반면에 또 어떤 그룹은 구성원들의 필요와 관심사를 나누는 것을 우선시한다. 그리스도의 형상으로 자라가는 것을 추구하는 그룹은 진리를 듣고, 공부하고, 말하고, 삶에 적용해야 한다. 그런 그룹에서는 "우리가 공부하고 토론한 진리에 따라 어떻게 변화되고 반응할 것인가?"라고 질문한다. 지식을 습득하는 데에 안주하지 말라. 성령께서 진리로 당신의 마음속에 역사하셔서 영원한 변화를 일으키시고 성장의 열매를 맺게 하시도록 내어드리라.

2_온전한 관심을 기울여 목양하라. "양육과 제자훈련 중 어느 것에 집중해야 합니까?"라는 질문에 대한 대답은 "둘 다"이다. 서로의 성장을 돕는 한편 도움이 필요한 사람들을 돌보는 그룹에서는 구성원들이 결석을 많이 해서 리더의 속을 썩이는 일은 없을 것이다. 성도들이 서로를 돌볼 때 교회는 가족이 된다. 또한 성도들이 서로를 제자훈련 시켜서 사역하고 성장할 수 있게 세워 주는 것은 전투에 나갈 군사들을 무장시키는 것이다. 사람들을 돌보는 것과 계발하는 것의 균형을 맞추는 일은 모든 리더들이 예민하게 신경을 쓰는 문제일 것

이다. 삶이 변하는 목양은 리더가 구성원들에게 양자를 일관되게 수행하도록 격려할 때 이루어진다. 성경은 "피차 권면하고 피차 덕을 세우라"(살전 5:11) 고 말씀한다.

3_진실한 관계를 형성하라. 관계의 목적을 설정하는 것 역시 쉬운 문제가 아니다. "깊은 우정을 쌓는 데 초점을 맞출 것인가, 아니면 상호 점검하는 데 초점을 맞출 것인가?" 대답은 "둘 다"이다. 우리 모두는 친구, 즉 같이 울고 웃으며 사귀고 어울릴 사람들이 필요하다. 그러나 서로의 삶을 점검해 주지 않는 친구 관계는 영적 성장을 도모하지 못한다. 좋은 친구라면 우리를 진심으로 아끼며 돌보고, 도전이 되고, 헌신을 지속하라고 자극한다. 이런 관계의 좋은 예는 요나단과 다윗(삼상 20장), 예수님과 제자들(요 15:9~17)이다.

4_건전한 갈등을 권장하라. 갈등을 즐기는 사람은 아무도 없다. 사실, 누구라도 갈등을 피하기 위해서라면 무엇이든 할 것이며, 문제가 사라지기를 바란다. 정말로 그룹 내에서 질문해 보아야 할 것은 "공동체를 파괴하지 않으면서 관계에서 발생하는 문제를 해결하려면 어떻게 해야 하는가?"이다. 관계가 지속되든 깨지든 일관되게 온유한 자세로 반응하는 사람들도 있다. 그들은 문제를 일으킨 사람에게 친절하게 대하고 그의 잘못이나 죄를 지적하지 않으면 문제가 어떻게든 사라질 것이라고 생각한다. 또 어떤 사람들은 머리를 맞대고 대면하여, 철저히 잘못을 지적하고 회개와 참회를 요구해야 한다고 주장한다. 온유함과 대면의 양자를 결합시킬 때, 화해가 이루어지고 진리와 은혜로 어려운 문제에 대응하는 환경이 조성된다(엡 4:25~32).

5_사랑으로 봉사하라. 다른 사람들을 섬길 때 우리 안에 겸손과 영적 성장이 촉진된다. 함께 봉사하는 그룹은 성경공부와 기도만을 하는 그룹보다 더 강한 결속력을 발휘하는 경향이 있다. 사랑의 관계로 함께 봉사할 때 그룹에 놀라

운 일이 일어난다. 공동체 정신이 생기고 일도 잘 해내게 된다. 따라서 업무 중심 그룹일수록 공동체 형성을 더 강조할 필요가 있고, 가정 그룹들은 그룹 밖이나 교회 밖에서 봉사할 통로를 찾아야 할 것이다.

6_하나님의 목적을 성취하라. 하나님께서는 우리가 서로 사랑하고(요 13 : 35), 세상에 나가 복음을 전하라고(마 28 : 18~20) 부르셨는데, 이 명령에 순종하기 위해서 그룹에는 친밀감과 열린 마음이 형성되어야 한다. 아직도 교회 안과 교회 밖에 사랑의 공동체를 찾는 사람들이 남아 있다는 것을 기억하라. 만일 우리가 우리의 소유를 쌓아 두기만 하거나 서로를 형제자매로 사랑하지 못한다면, 우리는 하나님의 명령을 성취하지 못하는 것이다.

소그룹들이 이 6가지 요소 모두를 공동체 생활에 엮어 넣을 때, 하나님께서 그분의 사랑과 축복을 모든 사람에게 부어 주실 것이다. 그것을 지켜보는 것은 놀라운 일이다.

소그룹 안의 의사소통

원활한 의사소통은 건강한 인간관계, 건강한 가정, 건강한 교회를 세우는 데 필수적이다. 이것은 소그룹에서도 마찬가지다. 하나님과 다른 구성원들과 의사소통을 하지 않는다면 그룹이 침체되거나 피상적인 모임이 되고 말 것이다. 아래의 4가지 의사소통의 경로(랄프 네이버가 제시하였음)는 건강한 소그룹의 특징을 보여준다.

1_하나님께서 그룹에게 : 사람들은 하나님의 음성을 듣기를 원한다. 그들은 하나님의 뜻을 구하며 하나님의 음성을 듣기를 갈망한다. 모임에서 조용히 성경을 읽는 시간을 가지라. 하나님의 말씀을 읽는 동안 성령께서 깨닫게 하시고 도

전하실 때 귀를 기울이라. 하나님께서 당신의 그룹 혹은 그 모임의 목적을 성령님, 다른 사람들, 하나님의 말씀을 통해 전해 주실 때 그분의 세미한 음성에 귀 기울이라.

2_그룹이 하나님께 : 우리는 하나님의 말씀을 들을 뿐만 아니라, 또한 그분께 응답한다. 그 응답에는 기도, 찬양, 성경 봉독, 노래, 하나님께 조용히 마음을 표현하며 헌신하는 것 등의 형태가 있다.

3_구성원이 구성원에게 : 약점을 감추지 않고, 솔직하고, 진실한 의사소통이 오갈 때, 그 그룹은 삶의 변화를 일으키는 강력한 매체가 된다. 구성원들끼리 감정, 격려의 말, 또는 서로 간의 상처들을 자유롭게 표현할 때 그룹은 성장한다. 예수님께서 "진리를 알지니 진리가 너희를 자유케 하리라"(요 8 : 32)라고 하신 말씀을 기억하라. 진리를 말하는 그룹은 그리스도 안에서 자유를 경험할 것이다. 구성원들이 사랑과 배려 안에서 진실을 말한다면 피상적이고 위선적인 그룹이 되지 않을 것이다.

4_그룹이 세상에게 : 잃어버린바 되었으며 죽어가고 있는 세상에 그리스도의 메시지를 전하는 것은 믿는 자들의 책임이다. 기회가 있을 때마다 그룹 단위로 교회에 다니지 않는 사람들에게 진리를 선포해야 한다. 말로 또는 행동으로 진리를 선포해야 한다. 기독교의 메시지를 지역사회와 세상에 어떻게 전파할 수 있을지 생각해 보라.

그룹 생활의 단계

그룹은 살아 있는 생명체처럼 발달 단계를 거친다. 이 도표는 각 단계를 준비하는 데 도움을 줄 것이다. 종종 발달 단계를 도약할 때 발생하게 되는 자연스러운 결과로 인해 리더들이 비난을 받기도 한다. 이 도표를 이용해 당신의 그룹의 현재를 진단하고, 각 단계를 생산적으로 통과할 수 있는 전략을 짜 보라. (이 도표는 『소그룹 리더 핸드북』[IVP 역간]에서 인용한 것이다.)

성장의 고통을 덜기 위한 매뉴얼

단계	형성	탐색	도약	행동	재생산	종료
모임 횟수	4~6회	6~10회	4~8회	12~24회	4~8회	2~6회
구성원들의 질문	그룹의 구성원이 어떠한가? 그룹이 마음에 드는가?	내가 이 그룹에 적응하고 있는가? 우리 그룹은 잘되어 가는 건가?	우리는 서로에게 정말로 열려있는가? 이 그룹이 사명을 성취할 수 있을까?	어떻게 행할 것인가? 우리가 함께 무엇을 이룰 수 있을까? 모험에 뛰어들 것인가?	우리는 살아남을 수 있을까? 어떻게 바뀌게 될까?	우리는 성장했나? 우리는 무엇을 배웠나? 나는 다른 그룹에 들어갈 것인가?
구성원들의 느낌	흥분, 기대, 어색함	편안함, 여유, 열린 마음	긴장, 불안, 조바심, 미심쩍음	열심, 열린 마음, 동지의식, 자신의 약점까지 드러냄	이별에 대한 슬픔, 열정 상실, 기대, 두려움	뿌듯함, 회상, 감사, 아쉬움
구성원들의 반응	다른 사람들에 대한 정보 수집	자신에 대한 정보 제공, 다른 사람들을 받아들임	피드백, 불만 표현	감정 표현, 은사의 사용, 주인의식, 도전 수용	관심 표현, 현실 수용, 변화에 대한 토의, 축복	사랑 표현, 감사 표현, 관계 확인
리더의 반응	돌봄, 분명함, 수용	인정, 피드백, 감싸줌, 본을 보임	대면, 격려, 도전	도전 확증, 인도	적극적 청취, 감정 인정, 격려	회고, 반추, 반응
리더의 역할	비전 제시, 서로 생각을 나누도록 장려, 목표 설정 행사, 주제, 진리	신뢰 구축, 가치에 대한 토론, 관계 형성 촉진, 언약 만들기	자신을 열어 보임, 언약, 검토, 융통성	봉사 기회 제공, 명확한 목표 제시, 두 번째 견습 리더 찾기 시작, 결과 축하	비전 제시, 새 그룹 탄생 위해 기도, 그룹 세분화, 견습 리더와 함께 사역	기념, 선물 나누기, 커뮤니케이션, 종결
나눌 내용	반응해 줌, 일반적, 간단하게	주제, 사람, 그룹, 하나님의 속성	개인적 생각, 감정, 가치, 하나님의 계획	그룹 내의 인간관계, 업무, 하나님의 역사	사람들, 리더십, 비전, 하나님의 뜻	관계, 사람, 하나님의 축복
나누는 스타일		서술적, 사교적, 설명적	호소력 있게, 토론적, 직실적, 일방적	추론적, 협동적, 상호 교류, 양방향, 대면	상호 교류, 대면, 표현	반추, 이해, 인정

소그룹 언약

언약은 우리가 늘 점검하며 추구하는 그룹의 가치, 기대, 혹은 행동양식을 표현한 것이다. 우리는 서로의 앞에서 언약하고 서로의 언약을 받아들임으로써 언약 관계로 들어간다. 언약은 사랑과 충성에서 비롯되는 것이며, 모두가 언약에 따르는 의무를 완수할 때만 유효하다. 물론 한쪽이 언약을 유기하더라도 다른 한쪽이 혼자 언약을 지킬 수도 있다(하나님께서 종종 이스라엘에 대해 그러셨듯이). 그러므로 언약은 신뢰를 구축하고 공동체를 세우기 위해 지켜야 하는 계약이다. 모든 그룹들이 성문화된 언약을 갖고 있는 것은 아니다. 그러나 대부분의 그룹에는 성문화되진 않았더라도 구성원들이 숙지하고 있는 가치관, 또는 기대들이 있다. 만약 그룹이 성문화된 언약을 필요로 한다면(이것에 대해서는 부서 리더와 상의하라), 아래의 지침들을 이용하여 만들어 볼 수 있을 것이다.

언약을 만드는 데 따른 지침

1. 언약의 핵심가치는 그룹이 함께 만들어야 하며 리더가 일방적으로 제시해서는 안 된다.

2. 그룹 언약의 문장은 '우리'로 진술되어야 한다. 그러나 그 전에 먼저 그룹의 각 사람의 승인을 받아야 한다.

3. 언약은 주기적으로 재확인되어서 구성원들이 서로에 대한 헌신을 기억하게 해야 한다.

4. 언약은 그룹의 목표와 목적에 따른 세부사항과 가치를 중심으로 만들어져야

한다.

−세부사항
- 언제, 어디서 모일 것인가?
- 얼마나 자주 모일 것인가?
- 누가 인도하는 책임을 맡을 것인가?
- 누가 다과를 맡을 것인가?
- 예상 참석 인원

−가치
- 빈 의자
- 책임성
- 열린 자세
- 신뢰성
- 용납

5. 언약은 전 구성원이 함께한 자리에서 만들어져야 한다. 그 과정에 대해서는 다음의 예를 참고하라.

공동체의 언약을 만드는 과정

첫 번째 모임−가로 세로 10cm 크기의 카드를 나눠주고 구성원들에게 그룹 안에서 다른 사람들에게 기대하는 가치 또는 행동양식 두세 가지를 쓰게 하라.

두 번째 모임−리더는 지난 모임에서 나온 결과들을 종합하고 한 장의 종이에 모두 기록하라. 두세 사람씩 작은 그룹으로 나누어서 종합한 가치의 순서를 정하고 그 중 상위 5개를 결정하라.

세 번째 모임 – 리더는 지난 모임에서 나온 주요 가치들을 종합하고 최종 5~7개의 가치를 제시한다. (그 이상은 제시하지 말라. 대부분의 사람들은 그 이상은 기억하지 못한다. 핵심적인 것에만 초점을 맞추라.)

각 하위 그룹들이 한두 개의 가치를 문장으로 만들게 하라. 그것을 전체 그룹에 발표하여 명확하게 정리한 후에, 마지막 손질을 해서 다시 제출하게 하라. 이렇게 하려면 두세 번 모여야 하지만 그만한 가치가 있는 일이다.

네 번째 모임 – 리더는 종합한 가치들을 모아 각각의 가치마다 두세 문장의 설명을 붙여 구성원들에게 나누어주라. 각 구성원이 이 가치에 의거해서 행동하기로 동의하면 서명하게 하라. 이 과정은 두세 번의 모임을 통해 진행될 수도 있고 그룹이 원하면 더 많은 모임을 통해 이루어질 수도 있다.

소그룹 언약서의 샘플이 다음 페이지에 있다. 원하는 대로 복사해서 나름의 언약서를 개발하는 데 사용할 수 있을 것이다.

소그룹 언약서

리더: _____   견습 리더: _____

1. 우리의 목적은
_____
2. 우리는 _____ 주 동안 모인 후에 우리의 방향을 평가한다.
3. 우리는 _____ 요일 _____ 시부터 _____ 요일 _____ 시까지 만나며, 정시에 모임을 시작함으로써 정시에 끝낼 수 있도록 한다.
4. 우리는 _____ 에서 만난다(장소).
5. 우리는 _____ 으로 그리스도와 연합하고 서로와 연합할 것이다.
6. 우리는 _____ 으로 발전하고 성장할 것이다.
7. 우리는 _____ 으로 교회와 세상을 섬길 것이다.
8. 우리의 그룹을 위한 다음의 우선적 가치들에 동의한다:
   - 참여: 모든 이들은 자신의 의견을 말할 권리를 가지며 어수룩한 질문도 환영하며 존중한다.
   - 비밀 유지: 모임에서 말한 개인적인 이야기들을 밖에서 이야기해서는 안 된다.
   - 빈 의자: 그룹의 언약에 헌신하는 한, 모든 새로운 사람들이 환영받는다. 빈 의자를 채우는 과정은
   _____
   - 재생산: 적당한 때가 오면 이 그룹은 재생산 과정을 시작할 것이다. 그 과정은
   _____
   - 견습 리더: 우리는 우리 그룹 안에서 견습 리더들을 찾아내 계발하도록 노력할 것이다. 그 과정은
   _____
   - 기타:
   _____
9. 우리는 다음 역할과 책임의 일부 혹은 전부를 나누어 맡을 것이다:
   리더, 견습 리더, 하위 그룹 리더, 장소 제공자, 기도 담당자, 행사 기획자, 행정 담당자, 봉사 프로젝트 담당자 등.

   _____ / _____
   _____ / _____
   _____ / _____
   _____ / _____
   _____ / _____

   (서명한 후 사본을 코치나 디렉터에게 제시해 주십시오.)

   서명: _____

그룹 생활에 관해 자주 묻는 질문들

Q__그룹의 리더인 나의 가치와 구성원들의 가치가 다르면 어떻게 해야 하나?
A__구성원들 간에 끈끈하게 연결된 그룹을 만들기 위해서는 타협하는 법을 배워야 한다. 중요한 것은 리더가 그룹에 자기 생각을 강요하면 안 된다는 것이다. 몇 가지라도 서로 합의해서 결정하여 그룹의 신뢰를 얻는 것이 많은 가치를 강요해서 상처를 주는 것보다 낫다. 두세 가지 중요한 가치라면 모두가 동의할 수 있을 것이다. 그것부터 시작하면 신뢰를 얻을 수 있다. 신뢰가 구축되면 그때 가서 그룹의 방향을 제시하는 비전을 말하면서 다른 가치들을 고려해 보자고 권면할 수 있다.

Q__우리 그룹은 여러 단계들을 왔다 갔다 하는 것 같은데, 이것이 정상인가?
A__그룹 생활의 단계에 대한 도표는 단순히 각 단계에서 어떤 활동과 행동들이 일어나는지 감을 잡을 수 있도록 돕는 것이다. 사실 한 그룹이 한 단계에서 다른 단계로 갔다가 다시 돌아오기도 하는 것은 정상적이다. 심지어 어떤 그룹은 처음 단계에서 끝까지의 사이클을 한 번 이상 반복하기도 한다. 그룹이 더 깊은 수준으로 성숙하며 활동함에 따라 탐색, 전환, 행동의 단계들을

반복하는 경향이 있다. 각 단계를 잘 통과하도록 돕기 위해 코치와 효과적인 방법을 논의하라.

 **참고도서**

『The Big Book on Small Groups』(소그룹에 대한 큰 책, Jeffrey Arnold, InterVarsity)
소그룹에 관해 매우 훌륭한 기본적 개관을 제공하고 있다.

『Community That is Christian』(기독교적 공동체, Julie Gorman, Victor)
소그룹에 대한 철저하고 포괄적인 연구서이다. 소그룹을 진지하게 연구하려는 이들에게 소그룹의 구조나 소그룹 인도 방법 등의 기초를 넘어 깊이 있게 공부할 수 있게 해 준다.

『소그룹 인도법』, 닐 F. 맥브라이드, 네비게이토
어떻게 그룹을 형성하고 여러 단계를 거쳐 자라게 하는지 이해하고자 하는 리더들은 특별히 본서의 3, 4, 5장에서 도움을 받을 수 있다.

『신도의 공동생활』, 디트리히트 본회퍼, 대한기독교서회
기독교 공동체를 중요하게 여기는 모든 사람들의 필독서이다.

『소그룹 리더 핸드북』, 지미 롱 외, IVP
소그룹 전체가 함께 집필한 이 책은 소그룹 생활의 단계를 잘 설명하고 있으며, 그룹 운영의 아이디어와 활동들을 담고 있다.

『Transitions』(전환, William Bridges, Addison Wesley)

인생 발달 단계와 전환에 대해 다루는 일반 서적이다. 이 책에 제시된 원리들은 어떤 조직이나 그룹에도 적용할 수 있다.

제5부

모임 진행

소그룹 모임은 즐거울 수도 있고 견디기 힘들 수 있으며, 그 두 가지가 동시에 일어나기도 한다. 그룹 구성원 개개인의 각기 다른 성격과 관계를 생각하면 이런 가능성은 무한하다. 당신이 혼란을 경험할 것인지 공동체를 경험할 것인지는 이렇듯 여러 요인들에 달려 있으며, 그 요인 중 일부는 당신이 통제할 수 없는 것이다. 그러나 모인 사람들 가운데 성령께서 역사하시도록 당신이 할 수 있는 일들이 분명히 있다.

제5부에서 우리는 모임을 준비하고 그룹의 다양한 역학을 이해하는 과정에 대해 이야기하려 한다. 그룹을 효과적으로 인도하기 위해 필요한 여러 기술들이 있다. 그러나 겁먹지 말라. 그 모든 것들을 당장 마스터해야 할 필요는 없다. 이 책에서는 리더십 기술을 습득할 수 있는 자료를 제공하고 있다. 뿐만 아니라 당신의 그룹과 리더십의 평가를 돕는 자료도 있어서, 당신에게 피드백해 줄 것이다. 자, 소그룹 모임 시간에 그리스도께서 역사하시며 그의 교회를 세우시는 것을 목도할 준비를 하라.

준비

 모임 준비

리더가 모임 준비와 계획에 좀더 세심한 신경을 쏟는다면, 보다 효과적이고 성공적인 그룹을 운영할 수 있을 것이다. 모임을 철저히 준비하면 다음과 같은 세 가지 유익을 낳을 수 있다.

- 리더에게 방향감각과 리더십이 있다는 사실을 구성원들에게 전달할 수 있다.
- 리더의 전반적인 리더십에 대해 그룹이 신뢰하게 된다.
- 모임에서 다룰 주제를 미리 선택할 수 있기 때문에 (필요하다면) 커리큘럼을 수정할 수 있다.

효과적 모임의 장을 만들라

1. 다음 페이지에서 예로 제시하게 될 모임 계획서를 보고 나름의 계획을 정리해 보라.
2. 언제 어디서 모임이 있는지 모든 구성원들에게 분명히 알리라.
3. 가정을 모임 장소로 제공하는 사람이 있으면 미리 연락하여 모임 세부사항을 의논하라.

- 모임 장소 제공자는:
  - 따뜻하고 서로를 배려해 줄 수 있는 분위기를 만든다.
  - 다과나 좌석 등을 알맞게 준비한다.
  - 실내로 들어오는 사람들을 환영한다.

모임 계획서와 모임 준비 점검 리스트

다음은 모임 계획서와 모임 준비 점검 리스트의 예이다. 다음 모임을 구상하는 데 도움이 될 것이다. 먼저 모임 계획서는 그룹이 모이는 목적을 고려하여 작성해야 할 것이다. 또한 모임 계획 점검 리스트는 P, L, A, N으로 시작되는 4가지 요소로 구성되어 있다.

- 집중해야 할 부분 (Point)
- 세부사항 (Logistics)
- 활동 (Activities)
- 필요 (Needs)

모임 준비 점검 리스트를 몇 번만 사용해 보면, 'PLAN' 만 떠올려도 모임을 준비할 수 있게 될 것이다. 모임 준비 점검 리스트는 읽어 보면 쉽게 이해할 수 있다. 어떻게 사용해야 할지, 또 당신의 그룹이나 사역에 어떻게 적용해야 할지에 대해 더 깊은 질문이 있다면 코치나 부서 리더들과 의논하라.

모임 계획서

리더: 모임 일시:

일정:

시작	종료	주제	누가

참고사항:

원하는 결과

우리 그룹 구성원들이 알았으면 하는 것   우리 그룹 구성원들이 느꼈으면 하는 것

우리 그룹 구성원들이 행했으면 하는 것   우리 그룹 구성원들이 계획했으면 하는 것

모임 보고

출석 인원 : _____

모임 주제에 대해   개인적으로

잘된 점   축하하고 감사할 일

부족한 점   관심을 기울여야 할 부분

제5부 모임 진행

모임 계획서 (작성의 예)

리더 : 보브와 메리 스미스 부부　　　　모임 일시 : 4월 20일

일정 :

시작	종료	주제	누가
7:00	7:15	분위기 조성	보브
7:15	7:20	모임을 위한 기도	수(견습 리더)
7:20	8:10	성경공부와 토론	메리
8:10	8:25	하위 그룹으로 모여 기도	보브
8:25	8:35	봉사 프로젝트 계획	조(견습 리더)
8:35	8:45	빈 의자를 채우기 위한 아이디어	모두
8:45	9:00	다과	피터슨

참고사항 :

원하는 결과
우리 그룹 구성원들이 알았으면 하는 것은
로마서 12장, 고린도전서 12장,
에베소서 4장의 영적 은사들의 목록

우리 그룹 구성원들이 느꼈으면 하는 것은
각 사람의 개성은 모두 소중하다.

우리 그룹 구성원들이 행했으면 하는 것은
『네트워크 은사발견 사역』의 은사 측정

우리 그룹 구성원들이 계획했으면 하는 것은
각자의 은사 사용을 어떻게 시작할 것인지

모임 보고   출석인원: 10명
모임 주제에 대해   개인적으로

잘된 점
은사에 초점을 잘 맞추었다. 구성원들이 이 부분에 열려 있었다.

축하하고 감사할 일
쉴라가 우리 교회의 고등부 사역에서 새로운 역할을 맡게 된 것.

부족한 점
분위기 조성 – 우리 그룹의 단계에 비해 너무 가벼웠다.

관심을 기울여야 할 부분
켄과 리사가 집중하지 못하는 것 같았다. 점심 약속을 할 것.

모임 준비 점검 리스트 – P.L.A.N.

P – 집중해야 할 부분 (Point)   모임이 달성하고자 하는 것은?
- ☐ 알고, 느끼고, 행하고, 계획해야 할 부분을 규정한다.
- ☐ 모임 계획서에 모임 일정을 기록한다.
- ☐ _____
- ☐ _____

L – 세부사항 (Logistics)   모임 환경이 준비되었는가?
- ☐ 좌석
- ☐ 모임을 방해하는 요소들은 없는가(전화, 소음, 사람)
- ☐ 여분의 의자가 있는가?
- ☐ 실내 온도

☐ 조명
☐ 다과
☐ 사람들이 도착할 때 틀어 놓을 배경음악
☐ 아이들 돌보는 일 미리 조정
☐ 차후 모임 장소 정하기
☐ _____
☐ _____

A - 활동 (Activities)　　모임 중에 무슨 일을 해야 하는가?
☐ 분위기 조성
☐ 특별한 기술 훈련
☐ 그룹 기도
☐ 게임/친교 활동 (반드시 필요한 자료 준비)
☐ 일정 짜기
☐ 성경 토론 시간
☐ 광고 사항
☐ _____
☐ _____

N - 필요 (Needs)　　그룹 구성원들의 삶에 일어나고 있는 일은?
☐ 구성원들 간의 해소되지 않은 문제들
☐ 경제적 필요
☐ 어려운 결정
☐ 건강 문제
☐ 가정 문제
☐ _____
☐ _____

올바른 커리큘럼을 선택하고 사용하기

수없이 많은 소그룹 교재 중에 올바른 교재를 선택하기란 쉬운 일이 아니다. 다음의 커리큘럼 선택표를 참고하면 수많은 교재 중 당신의 그룹에 필요한 교재가 무엇인지 결정하는 데 도움이 될 것이다.

커리큘럼에 대한 몇 가지 조언들

1. 그룹이 커리큘럼을 쫓아가서는 안 된다. '커리큘럼을 마쳐야 하기 때문에' 기도, 봉사, 혹은 공동체를 세우는 활동을 중단해서는 안 된다. 예수님께서 "너희는 가서 모든 족속으로 교재를 마치게 하라"고 말씀하시지 않았다는 사실을 그룹 리더들에게 상기시키라. 우리의 궁극적인 목표는 제자, 즉 그리스도를 따르는 자들, 곧 예수님께 순종하고, 성령께 순복하고, 서로를 사랑하는 사람들을 만드는 것이다.

2. 교재가 성경을 대신할 수는 없다. 커리큘럼과 성경공부 지침서들은 그룹의 목적을 강조하고 사람들을 성경 속으로 끌어들이기 위해 사용되어야 한다.

3. 모든 질문에 다 답해 줘야 한다는 의무감을 갖지 말라. 탁월한 리더는 어떤 질문에 어느 정도 반응하는 것이 그룹 전체에 좋은지를 판단할 수 있어야 한다. 질문이 너무 많으면 좋은 질문 몇 개에만 응답하라. (5~7개의 질문이면 충분하다.) 보통은 두세 가지 질문을 놓고 그룹이 건전한 토론 과정을 거치는 것이 좋을 것이다. 몇 가지 주제로 토론하는 것이 많은 질문에 피상적인 대답만 하는 것보다 낫다. 목표는 사람들을 토론에 활발히 참여시켜서 하나님의 말씀을 마음에 새기고 영적 성숙에 이르게 하는 것이다.

4. 교재가 우리 그룹과 잘 어울려야 한다. 인간관계를 형성하고 공동체 의식과 돌봄의 분위기를 고양하지 못하는 교재들도 있다. 질문 항목만 검토해 보지 말고 그 커리큘럼을 가지고 소그룹 모임이 어떻게 전개될 것인지 생각해 보라. 이 커리큘럼은 그룹 안에 상호작용을 일으키는가? 개인을 열어 보이게 하는 질문이며 사람들이 자신들의 삶을 나누게 도전하는 것인가? 혹시 개인적인 생각을 유도하는 "왜?"라는 질문들을 간과한 채 내용을 확인하는 "무엇?"이란 질문들만 많지는 않은가?

5. 적용 부분에서 단순히 "이것을 당신의 삶에 어떻게 적용하겠는가?"라고 묻는 것은 좀 약하다. 그러나 이렇게 묻는다면 어떻겠는가? "본문으로 볼 때, 우리의 믿음을 다른 사람에게 전해야 한다는 것은 분명하다. 또한 우리가 그 방법을 알고 있고, 이것이 하나님을 기쁘시게 하는 일이라는 것도 분명하다. 그런데 왜 당신과 내가 하나님을 찾는 사람들과 영적인 대화를 시작하는 것이 그렇게 어려운지 이야기해 보자. 복음을 전하는 데 있어서 당신에게 두려움이나 다른 장애물이 있는가? 당신이 아직 구원받지 못한 사람들과 그리스도에 대해 이야기하고 있는 것을 상상해 보면 어떤 기분이 드는가?" 이런 질문은 사람들의 동기, 생각, 감정, 필요를 드러내 준다. 이때야 비로소 서로를 위해 진정한 기도와 격려를 할 수 있게 된다.

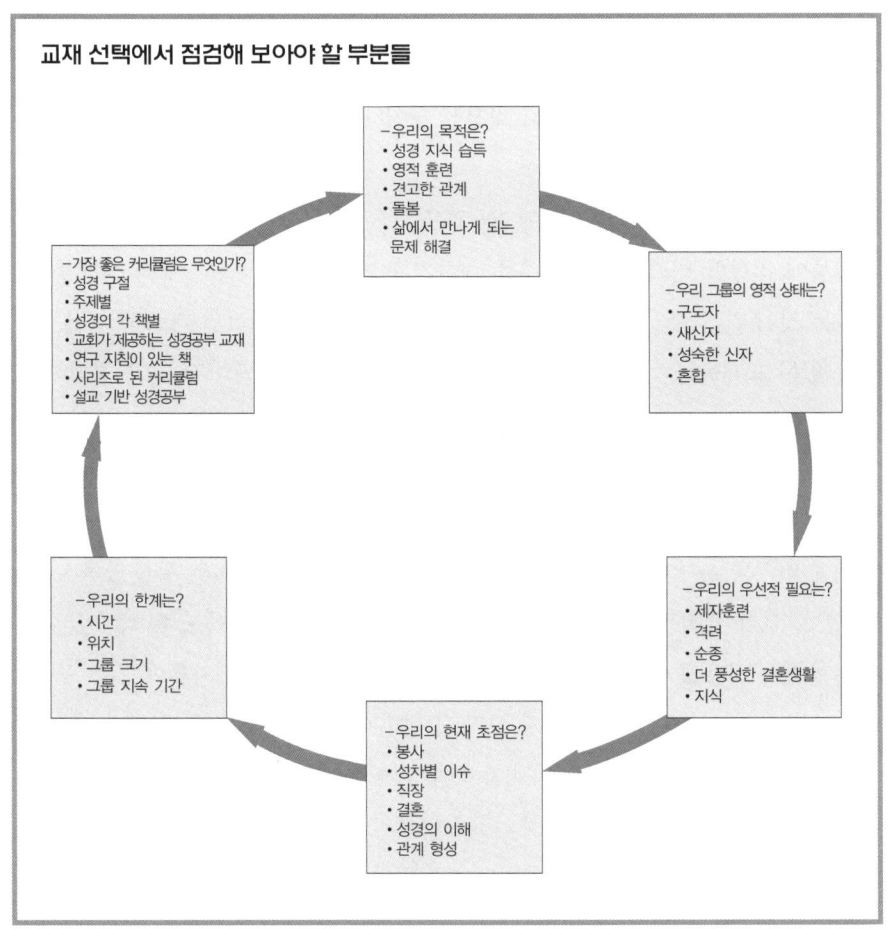

커리큘럼 선택 시 중요한 질문들

● 우리의 목적은?

각 그룹마다 목적이 있으며, 커리큘럼은 그 목적에 부합해야 한다. 이 목적은 그룹의 성장과 성숙과 경험에 따라서 바뀔 수 있다. 만일 사랑하는 사람을 잃은 이들의 슬픔을 위로하기 위해서 그룹이 조직되었다면 커리큘럼은 그 목적에 합하여 바뀌어야 한다. 그러나 그룹 구성원들이 슬픔의 단계를 통과했다면, 리더는 하나님을 더 이해할 수 있는 커리큘럼을 선택할 수 있을 것이다. 따라서 그 그룹에는 하나님의 속성에 관한 커리큘럼이 적절할 것이다.

● 우리 그룹은 영적으로 어느 단계에 있는가?

그룹에 적합한 커리큘럼의 수준을 정하기 전에 당신의 그룹의 영적 상태를 진단하는 것이 바른 순서이다. 구성원 중에 구도자가 대부분이라면 기초적인 질문을 담고 있는 교재를 선택하라. 구성원들의 의견을 들을 때 판단하지 말고 경청하며, 모든 답을 다 알고 있는 것처럼 보이지 말라. 구도자의 입장에서 문제를 다루라. 그들에게 내용을 소화할 수 있는 시간을 주고, 까다로운 질문도 할 수 있게 하며, 반대 의견도 제시할 수 있게 하라. 읽기 쉽게 번역된 성경을 사용하라.

이제 막 신앙을 가졌거나 성장하고 있는 신자들은 조금 어려운 성경 토론도 할 수 있고, 교회 용어들에 익숙해지려고 노력할 것이다. 그렇더라도 될 수 있는 한 교회 용어를 사용하지 않도록 노력하라. 교회 생활을 오래 한 신자들에게는 '구속'이나 '칭의' 같은 용어가 친숙할지 몰라도, 새신자들에게는 생소할 것이다. 충분히 설명해 줄 시간이 없다면 그런 용어를 너무 많이 사용하는 것은 좋지 않다.

● 우리에게 가장 필요한 것은?

이 질문은 그룹의 목적과 연관이 있는 한편, 그룹의 목적과 그룹의 절실한 필요를 연결하는 과정이다. 예를 들면 부부 그룹은 결혼관계의 성장을 원할 것이다. 그러나 이 그룹이 지역의 노숙자 보호소를 지원하려는 목적을 가졌다고 하자. 이런 경우에는 봉사하기 전에 30분 정도 모여서 결혼 문제에 대해서 잠깐 공부하고 토론할 수 있을 것이다.

● 우리의 현재 초점은?

때로 당장의 필요를 채워 주기 위해 그룹의 장기적인 비전을 고려하지 않고 커리큘럼을 선택할 수 있다. 직장생활과 기독교에 대해 공부를 하고 있는데, 어떤 구성원들이 갈라디아서를 공부하기 원한다. 그것이 그룹의 장기적인 방향에 맞는가? 갈라디아서의 내용 중 그룹의 목표와 연관성 있는 것들이 있는가? 아니면 그룹이 그것에 맞는 발달 단계에 이르렀을 때 공부하는 것이 좋을까?

아주 갑작스럽게 방향을 바꿔야만 하는 상황이 아니라면 연속성을 유지하도록 노력하라. 예를 들자면 당신의 그룹에서 개인 성장을 다루며 뒤편에 연구 지침서가 있는, 빌 하이벨스의 『누가 당신을 이렇게 아름답게 변화시켰지』(도서출판 바울 역간)를 거의 마쳤다면, 그 책에서 다루고 있는 내용 중 적당한 주제를 골라 연장 시리즈로 공부할 수 있다. 예를 들어 재정에 대한 부분을 공부했다면 그것을 연장해서 가난한 사람들에게 관심을 갖고 재정을 사용하는 법에 대해 공부할 수 있다. 이렇게 하면 봉사에 대한 비전을 제시하면서도 커리큘럼을 전면적으로 바꾸지 않아도 된다.

● 우리의 한계는?

현재 그룹이 매주 만나는 시간이 40분 정도라면 두 시간짜리 커리큘럼을 선택하면 안 될 것이다. 시간과 장소(산만한 환경인가?), 그룹의 크기(구성원들 모두가 토론에 참여할 경우 4명이 9명보다 더 많은 주제에 대해 이야기할 수 있을 것이다)를 고려해야 한다.

한 주제를 긴 시리즈로 다루어야 할까, 아니면 2, 3주만 할애하면 될까? 만일 어떤 행사(가령 수련회) 이후 이뤄진 소그룹을 시작하는 것이라면 기간을 6주 이상 잡지 말라. 짧은 주제별 커리큘럼(세렌디피티 성경공부가 한 예)을 선택하라. 그러나 만일 2년에 걸쳐 리더십을 계발하는 그룹이라면, 더 장기적인 계획을 세울 수 있을 것이다. 돈 커즌즈와 저드슨 폴링의 『하나님과 동행』(도서출판 바울 역간) 시리즈가 좋은 예가 될 것이다.

● 최고의 커리큘럼은 무엇인가?

일단 교재를 선택했으면 그것이 섬김의 도구라는 것을 기억하라. 교재를 통해 사람들이 성장하도록 도우라. 당신이 기대하는 목표가 무엇인지 정기적으로 평가하고 조정하라. 당신의 인간적인 기대가 걸림돌이 된다면 그것을 포기하라. 성경의 진리와 삶의 변화에 초점을 맞추는 한 당신은 실망하지 않을 것이다. 당신의 방법이 성경공부, 주제별 성경공부, 설교에 대한 토론 등 무엇이든 간에 진리를 삶에 적용하게 도우려 애쓴다면 실패하지 않을 것이다.

역학관계

모임 시간마다 그룹의 역학관계를 감지하는 것이 중요하다. 구성원들의 역할과 학습 방법, 성격, 은사들을 주의 깊게 살펴보아야 하는 것이다. 이러한 요소들이 상호작용하여 각 그룹의 개성과 독특한 분위기를 만든다.

 구성원들의 역할

구성원들은 의식하든 하지 못하든 각각 모종의 역할을 맡게 된다. 그리고 그룹의 발달 단계가 달라지면 그들이 맡는 역할들도 달라진다. 그룹에 도움을 주는 역할과 파괴적인 역할들에 대해 정리해 보자.

● 긍정적 역할

1. 정보 탐색형 – 다른 지체들에게 그들의 이야기를 더 많이 해 달라고 요청한다.
2. 의견 탐색형 – 그룹 내의 다른 사람들이 어떤 생각을 하는지 아는 데 적극적인 관심이 있다.
3. 주도형 – 새로운 아이디어들, 새로운 방법들을 제시한다. 종종 토론의 흐름을 이끈다.

4. 윤색형 – 주제에 관한 사실 그 이상을 원한다. 토론에 다양한 색을 입힌다.
5. 긴장 해소형 – 긴장된 상황을 해소시키기 위해 종종 부드러운 유머를 사용한다. 긴장한 사람이 혼자라고 느끼지 않도록 그 사람과 자신을 '동일시' 한다. 예) "이해합니다. 저도 자주 그렇게 느낍니다."
6. 복습형 – 요약하고 요점을 명확하게 하는 진술을 하는 경향이 있다.
7. 합의 도출형 – 그룹이 무엇을 생각하고 있으며, 어떤 이슈나 결정에 대한 동의가 이뤄졌는지 아닌지를 찾는다.
8. 격려형 – 그룹의 다른 사람들을 세워 줄 방법들을 찾는다.
9. 기준 제시형 – 그룹의 가치를 설파하고 방어한다.

● **파괴적 역할**

1. 공격형 – 자주 다른 사람들에게 모욕감을 주고 비판한다. 다른 구성원들을 질투한다.
2. 토끼 추적형 – 다루고 있는 주제와 무관하게 자기의 관심사에만 초점을 맞춘다.
3. 인정 추구형 – 자신의 성공이나 성취에 우선적으로 초점을 맞춘다.
4. 지배형 – 그룹 내의 상호작용을 독점한다. 토론을 지배하려 한다.
5. 소심형 – 토론의 주제나 방향에 상관없이 자기 마음에 안 드는 작은 일에 초점을 맞춘다.
6. 부정형 – 어떤 일에도 만족하지 못하는 완벽주의자이다. 어떤 사안이나 주제의 부정적인 면을 지적하는 데 민첩하다.
7. 세심형 – 세밀한 사항에 초점을 맞춘다. 숲보다 나무에 집착한다.
8. 쓸데없는 농담형 – 쓸데없는 농담으로 사람들의 주의를 흩어놓는다. 보통 자기를 감추려고 할 때 이런 말들을 사용한다. 토론이 자신의 개인적인 부분을 파고들어올 때 방어기제로 늘어놓게 되는 수가 많다.

리더인 당신의 역할은 각 사람의 역할이 무엇인지 '못 박는' 것이 아니다. 역할은 때마다 바뀐다. 그저 그룹 안에는 이런 형의 역할들이 있을 수 있다는 것만 알면 된다. 예민한 영과 마음을 갖고 각 구성원들의 말을 들으라. 각 사람들의 말 뒤에 숨어 있는 진실을 꿰뚫는 질문을 던지라. 혹 특정 유형의 사람과 관계하는 데 어려움을 느낀다면 코치나 부서 리더들과 상담하여 문제를 해결하고 그 관계를 감당할 방법을 찾으라.

 **학습 방법**

성인들을 가르치는 교육가나 훈련가들은 사람들마다 나름의 학습 유형이 있다고 말한다. 학습 유형은 크게 3가지로 나누어 볼 수 있다. 탁월한 리더는 여러 종류의 커뮤니케이션 및 토론 방법과 기술들을 사용해서 각 구성원에게 맞게 의사소통해야 한다.

시각학습형

이 사람들은 차트나 다이어그램과 같은 시각적 자극에 잘 반응한다. 그들은 팸플릿이나 전단지를 좋아하고 비유와 이야기들을 즐긴다. 그들은 시각을 통해 사고한다. 즉, 무슨 일이 일어나고 있는지 눈앞에 그려 주는 생생한 이야기들에 쉽게 반응한다.
- 리더를 위한 조언 : 팸플릿, 신문기사, 스토리보드 등 학습자들의 주의를 끌 수 있는 물건들을 사용하라.

청각학습형

청각학습형은 듣는 것을 좋아한다. 이 사람들은 책을 읽기보다는 문제를 가지고 토론하는 그룹에 참여하는 것을 좋아한다. 이 중에 어떤 사람들은 독서를 즐기는 사람들일 수도 있겠지만, 일반적으로는 읽기보다 듣기를 좋아한다.

- 리더를 위한 조언: 토론에 모든 구성원이 다 참여할 수 있도록 하위 그룹들을 만들라. 구성원들이 질문과 결정에 말로 반응할 수 있게 하라. 모임을 시작할 때나 기도 시간에 배경 음악을 사용하라.

행동학습형

이 사람들은 사물을 직접 만지고 느끼는 것을 좋아한다. 활동에 참여하기를 좋아한다. 행하면서 배운다. 시각형은 〈뉴스위크〉 지에 나온 가난한 사람들의 사진을 보고 도우려는 동기가 생기지만, 행동형은 도심 빈민층 현장 사역을 통해 동기를 부여받는다.

- 리더를 위한 조언: 그룹 내의 경험들을 활용하라. 실천으로 옮겨지는 진리를 경험할 수 있도록 외부활동이나 행사를 기획하라. 행동형에게는 문제의 답을 주어서 가르치기보다 시행착오를 거쳐 배울 수 있는 기회를 주는 것이 좋다.

 성격 - 우리는 모두 다르게 지어졌다

이 책은 리더가 구성원들의 성격을 분석하도록 돕는 전문서적은 아니다. 다만 그룹의 구성원들이 다 다르게 지어졌다는 것을 이해하라. 다시 말하거니와, 그룹 내의 각 사람을 어떤 특정한 성격이나 유형으로 분석하여 못 박으려고 하지 말라. 그룹의 각 사람의 경향이 어떤지 파악하는 것만으로도 충분하다.

당신의 구성원들을 생각하면서 아래의 질문들을 스스로 던져 보라.

1_내성적인가, 외향적인가?
- 사람들과의 두루두루 넓게 사귀는 것을 좋아하는가? (외향적)
- 아니면 그런 분위기에 적응하지 못하는가? (내성적)

2_이성을 통해 경험하는가, 아니면 감각을 통해 경험하는가?
- 삶의 방식과 기능에 대해 고민하여 판단하는가? (직관적)
- 주변에서 일어나는 일들을 맛보고, 만지고, 느끼고, 냄새 맡아 경험하는가? (감각적)

3_머리로 결정하는가, 아니면 마음으로 결정하는가?
- 논리적이고 이지적이다. (머리)
- 정서적인 반응을 더 잘 보인다. (마음)

4_인생에 조직적으로 접근하는가, 아니면 비조직적으로 접근하는가?
- 여름 휴가를 떠날 때 세세한 일정을 짜고 떠나는가? (조직적)
- 차를 타고 가면서 결정하는가? (비조직적)

그룹 실습

구성원들에게 이런 질문을 해 보라. 위의 네 가지 성격 유형 중 자신이 어느 형인지를 찾아보라고 하라. 그리고 하위 그룹별로 모여서 토론하게 하라. 재미있을 뿐 아니라 서로에 대하여 많은 것을 배우게 되고 하나님께서 각 사람을 다르게 고안하신 고유성을 존중하게 될 것이다.

구성원들의 은사 활용 돕기

다음은 구성원들이 소그룹 안에서 자신의 영적 은사를 활용할 수 있도록 돕는 데 대한 내용들이다. 그룹이 효과적으로 사역하고 각 구성원이 자신의 은사 영역에서 성장하고 성숙할 수 있도록 도움을 줄 것이다.

1_구성원들이 서로를 위해 사역하도록 비전을 제시하라. 함께 에베소서 4장 11~13절과 고린도전서 14장 26절을 읽고 공부하라. 그룹이 함께 봉사하고, 서로에게 봉사하는 것이 얼마나 귀한 것인지 설명하라.

2_구성원들이 자신의 은사를 발견할 수 있도록 도우라. 자신의 은사를 발견할 수 있도록 도움을 주는 책을 찾아 그룹이 함께 공부하거나 아니면 교회적으로 세미나를 개최하라.

3_서로의 은사에 대해 토론하라. 구성원들이 자신이 갖고 있는 은사가 무엇인지, 그리고 그것을 어떻게 다른 구성원들을 세우기 위해 사용할 것인지 나누는 자리를 마련하라.

4_은사를 받은 영역에서 봉사하라. 구성원들이 그룹 안에서 자신의 은사와 열정이 있는 분야에서 봉사할 기회를 주라.

5_사역의 기회를 찾으라. 그룹 내에서 어떻게 구성원들이 은사를 활용할 수 있을지 토론하라.

은사 활용 기회

아래의 그룹 활동들은 구성원들이 자신의 은사나 열정에 맞추어 할 수 있는 일들이다.

- 토론 인도
- 친교
- 기도 모임 인도
- 전화 심방
- 구성원 명단 관리
- 교회의 봉사 기회 목록 관리
- 그룹 전도 조직
- 그룹 모임 장소 제공
- 견습 리더
- 찬양 인도
- 노트나 카드 작성
- 어려운 사람이나 환자 방문
- 그룹 모임 준비
- 행사 기획
- 구성원들의 생일 기록 관리
- 구성원들의 자녀 생일 기록 관리
- 커리큘럼 선정
- 피드백과 평가

이 외에도 많은 그룹 활동이 있을 것이다. 이 목록과 더불어 당신의 그룹만이 갖고 있는 특색 있는 활동 영역들을 정리해 놓는다면, 리더와 구성원들이 그룹 생활의 책임을 나누는 데 도움이 될 것이다.

그룹의 역학관계에 대한 성령의 역할

우리는 지금까지 성령께서 어떻게 그룹이 몸으로 기능하도록 각 지체에게 은사를 주시는지 배웠다. 그분은 또한 다른 방법으로도 역사하신다. 말씀으로 사람들을 인도하고 가르치신다. 또한 깨우침과 경험을 통해서도 인도하신다. 그룹의 리더로서 구성원들 중에 역사하시는 성령의 움직임에 민감하라. 성령의 인도에 민감하게 열려 있도록 몇 가지를 제안한다.

1. 모임 시간 동안에 성령께서 확실히 가르쳐 주시도록 기도하라.

2. 리더로서 그룹 전체가 합의한 것은 되도록 실행하도록 유의하라. 전체적으로 방향을 수정해야 한다 해도 그것이 성령의 음성일 수 있다. 내가 세운 계획이 옳다고 속단하지 말라.

3. 성령께서 어떤 문제나 사실에 대해 토론하기 원하신다는 강한 확신이 있다면 리더로서 주저하지 말고 이를 그룹에 내어놓으라. 하지만 그룹 전체가 나의 의견에 동의하도록 강요하지는 말라. 오히려 간단하게 하나님께서 나에게 어떤 느낌이나 주제를 나누라고 하시는 것 같다고 설명하라. 그리고는 앞으로 어떻게 나아가야 할 것인지 하나님의 말씀과 그룹 전체의 의견을 통해 들으라.

4. 성령께서 역사하실 수 있도록 시간을 드리라. 때로 어떤 안건에 대해 합의가 안 될 때는 기다리는 것이 최선이다. 구성원들이 몇 주 간 하나님의 뜻을 지속적으로 찾도록 기도하게 하라. 하나님의 영께서 그 동안 사람들 안에서 일하시도록 잠시 물러나 있으라.

성령께서는 그룹을 굳건히 세우고 하나로 연합시키기 원하신다는 것을 기억하라. 이것은 모든 구성원들이 늘 만장일치를 할 것이라는 말이 아니다. 이것은 구성원들이 마음을 모아 결론을 내리려 노력하는 과정에서 서로에게 순복하는 자세를 가져야 한다는 것을 의미한다. 이 과정은 공동체를 이루고 서로 세워 주고 돌아보는 관계를 이루시려는 하나님의 영께서 역사하시는 시간이다. 어떤 경우라도 성경 말씀의 분명한 가르침을 통해서 성령의 인도를 확인하라. 하나님이 명백하게 명령하신 것에는 순종하라. 성경 말씀이 침묵하는 곳에서는 각 사람이 그리스도께 자신의 의사를 순복시키려 하고 그룹 전체를 위해 자신의 의견을 절충하려는 자세를 가진 가운데 하나님의 뜻과 그룹 전체의 합의를 구하라.

> **TIP**
> "주를 섬겨 금식할 때에 성령이 가라사대 내가 불러 시키는 일을 위하여 바나바와 사울을 따로 세우라 하시니 이에 금식하며 기도하고 두 사람에게 안수하여 보내니라"(행 13:2, 3).

기술

 분위기 조성 및 모임 시작

　모임을 시작하는 방법 역시 기초적이고 필수적인 소그룹 기술이다. 분위기를 조성하고 생각을 나누게 하는 질문들은 구성원들이 자신의 개인적 삶을 나누고 더 자유로이 자신을 열 수 있도록 도와준다. 이런 질문들은 단순히 "예" 혹은 "아니오"의 답을 요구하는 것들이 아니다.

　이러한 질문들을 적절히 사용해 보라. 어떤 것들은 너무 진지한 분위기를 자아낼 수도 있다. 또 가볍고 재미있는 것들도 있다. 그룹이 새로 형성되었다면 지체들의 삶에 관한 질문이나 분위기 조성용 질문을 할 수 있을 것이다. 가령 어디서 자랐으며, 어느 학교를 다녔는지, 어떻게 해서 교회에 나오게 되었는지, 어디서 일하며, 요즘 사회적으로 일어나고 있는 일들에 대해서는 무슨 생각을 하고 있는지 등을 질문할 수 있다. 그룹 안에서 사람들이 더욱 친숙해지면 깊이 있는 질문을 사용해서 그들의 생각, 감정, 깨달음 등을 물어볼 수 있다. 이러한 질문의 몇 가지 예를 소개한다.

　－좋아하는 영화는? 왜?

-돈과 상관없이 전 세계 어느 곳이든 일주일 동안 여행할 수 있다면 가장 가고 싶은 곳은 어디이며, 왜 그런가?

-여름에 할 수 있는 활동 중 가장 좋아하는 것 두 가지는? 둘씩 짝을 지어서 서로 나누고 왜 그것이 좋은지를 설명하라.

-나의 삶에서 가장 중요한 조언자는? 왜?

-나의 가장 큰 불만거리 중 하나는?

-사람들은 나의 _____ 을 알면 놀랄 것이다.

-세 가지 소원을 빌 수 있다면 무엇을 빌겠는가?

-갑자기 눈이 안 보인다면 무엇을 가장 보고 싶겠는가?

-당신이 했던 가장 대담한 일은 무엇인가? 당신이 그렇게 대담할 수 있었던 이유는?

-남는 시간을 보내는 가장 좋은 방법은?

-전국 방송에서 1분 동안 이야기할 수 있다면 꼭 말하고 싶은 한두 마디는?

-가장 오랫동안 잠을 자지 않았던 때는 언제이며 그 이유는?

-첫 키스의 경험은 어떠했는가?

-만났던 사람 중에 가장 유명한 사람은? 어떻게 만나게 되었는가?

-데이트할 때 나는 ＿＿＿＿＿＿ 한 이미지를 갖는 편이었고, 그 이유는 ＿＿＿＿＿＿ 때문이다.

-기적을 한 가지만 일으킬 수 있다면 (전 세계 사람들을 복음화하는 것 말고) 무슨 기적을 일으키고 싶은가? 왜?

-어린 시절에 누렸던 것 중 가장 그리운 것은?

-당신이 한 가장 큰 거짓말은?

-만일 선택할 수 있다면, 어떻게 죽기를 선택하겠는가? 어떻게 죽고 싶지 않은가?

-죽음에 대해 가장 두려운 것은?

-대학을 다시 가게 된다면 무엇을 공부하고 싶은가?

-가장 심한 폭풍이나 재난을 경험한 기억은?

-기억나는 것 중에 가장 지루했던 날/ 행사/ 시간은?

-인생 중에서 다시 살고 싶은 날은? 왜?

-내가 살았던 장소 중 가장 작았던 곳은? 어떻게 생겼는가?

- 고등학교 시절에 사람들은 내가 이 다음에 아마도 _____이 될 것이라고 생각했다.

- 그냥 재미로 하는 이야기인데, 나는 죽기 전에 _____을 하고 싶다.

- 직업을 다시 선택한다면 _____일 것이다.

- 타임머신을 타고 다른 시대로 갈 수 있다면 _____에 가고 싶으며 그 이유는 _____이다.

- 내가 경험한 가장 큰 모험은?

- 내 삶을 편하게 해 줄 기계를 만들 수 있다면 _____을 만들고 싶고 그 이유는 _____이다.

- 내년은 _____이기 때문에 내게 좋은 해가 될 것이다.

- 내년은 _____이기 때문에 문제일 것 같다.

- 나는 _____ 부분에서 어머니를 가장 많이 닮았다.

- 나는 _____ 부분에서 아버지를 가장 많이 닮았다.

- 결혼하기 전에 _____라는 조언을 들어 두었으면 좋았을 것이라고 생각한다.

- _____의 후유증으로부터 벗어날 수가 없다.

- _____에 대해서는 신경이 곤두서거나 서툴기 짝이 없다.

- 아마 나는 _____를 결코 안 하겠지만, 만일 한다면 재미있을 것이다.

- 할머니, 할아버지에 대해 기억나는 두 가지는?

- 나의 이름이 갖는 의미는? 왜 그 이름을 갖게 되었는가?

- 가장 기억에 남는 꿈은?

- 죽기 전에 이 세상에 한 마디 조언하고 싶은 것이 있다면?

- 나를 맛으로 비유한다면, 무슨 맛이겠는가?

- 어린 시절에 받은 최고의 선물은?

- 죽은 사람을 한 사람만 다시 살릴 수 있다면 누구를 살리겠는가? 왜?

- 나나 나의 가족이 초대하여 만나 본 사람들 중에 가장 흥미로웠던 한 사람은?

- 남이 나를 평가한 말 중에서 가장 좋았던 말은?

- 신문에 부고가 날 때 나에 대해 무엇이라고 써 주었으면 좋겠는가?

-가장 좋아하는 도시는? 왜?

-삶이 힘들 때 가고 싶은 곳이나 하고 싶은 일은? 왜?

-보는 것과 말로 듣는 것 중에서 무엇이 더 익숙한가? 왜?

-자랄 때 동네에서 가장 말썽쟁이였던 녀석은? 어떤 면이 가장 겁이 났는가?

-가장 즐거웠던 소풍의 기억은? 무엇이 특별했나?

-이번 주에 들은 가장 좋은 소식은? 가장 나쁜 소식은?

-어릴 때 형제나 자매가 내게 했던 가장 나쁜 일은?

-집에 불이 났을 때 꼭 꺼내 오고 싶은 세 가지는(사람 외에)?

-첫 직장은? 가장 기억나는 것은?

-가장 좋았던 직장 상사는? 그의 좋은 점은?

-어렸을 때 커서 무엇이 되고 싶었는가? 부모님은 당신이 무엇이 되기를 원하셨는가?

-결혼식을 다르게 할 수 있다면 (낙하산을 타고 떨어지면서 결혼 서약을 한다든지, 수중 결혼식을 한다든지 등) 어떻게 하겠는가?

- 어려서 나의 영웅은 누구였는가? 그 사람을 닮으려고 어떻게 했는가?

- 전국 방송에 나가서 국민들에게 세 가지를 하지 말라고 권유한다면 무엇을 말하겠는가?

- 최악의 상사는 어떤 사람이었는가?

- 내 생각에 사람들이 내 뒤에서 _____라고 얘기하는 것 같다. 그 이유는 _____이다.

- 부부라면 결혼식 얘기를 하라. (사전에 이야기가 되면 각 부부가 자신들의 결혼식 사진을 가져와서 그룹에게 보여줄 수 있다.)

- 나의 삶에 일어난 일들을 다음의 항목으로 그룹에서 얘기하라 :
  옛날 일, 새로운 일, 행복한 일, 우울한 일

- 나는 왜 죄를 짓는가? (간단한 대답은 안 된다.)

- 삶의 어떤 영역에서 더 평안하기 원하는가? 왜?

- 어느 날엔가 내가 세계적인 명성을 얻을 수 있다면, 어떤 영역에서 그럴 것 같은가? 왜?

- 미래에 대해 가장 두려운 점은?

- 과일이나 채소 등에 비유해서 내가 이번 주에 겪은 삶을 설명할 수 있다면 어

떻게 표현하겠는가? (마른 무화과, 잘 익은 토마토, 짓밟힌 바나나 등)

−아이들의 어떤 점이 가장 좋은가? 왜?

−돈 주고 살 수 있는 것 중 가장 사고 싶은 것이 있다면?

−만일 내가 감옥에 1년 동안 수감되어야 한다면 가장 견디기 힘들 것 같은 점은? 왜?

−초등학교 선생님 중 가장 인상에 남는 선생님은? (좋은 경우나 나쁜 경우 상관없이)

−대통령과 1시간을 같이 보낼 수 있게 된다면 무엇을 부탁하겠는가? 무엇을 말하고 싶은가?

−1년 동안 안식년을 허락받았는데 당신이 거주하고 있는 지역 밖으로 갈 수 없다면 무엇을 하겠는가?

−나의 삶을 세 부분으로 나누어 생각해 볼 때 각 기간 중 가장 의미 있었던 사건 한 가지씩을 말한다면?

−그룹의 각 사람이 다른 사람들에게 이렇게 말하게 하라:
 "하나님께서 당신을 _____하게 만드셔서 기쁩니다. 왜냐하면 당신의 그 면이 _____ 때문입니다."

−어린 시절부터 내가 가지고 있는 것 중에서 내가 절대로 버리지 않을 것은

―_____인데, 그 이유는 _____이다.

―우리 집에서 가장 쓸모없는 것은 _____이지만 아직도 가지고 있는 이유는 _____이다.

―내 지갑에 있는 것 중에 나에 대해 가장 잘 말해주는 것은 _____인데 그 이유는 _____이다.

―어렸을 때 하루 중 가장 좋았던 시간은? 일주일 중 가장 좋았던 날은? 일 년 중 가장 좋았던 시기는? 왜 그런 날들이 좋았는가?

―일반적으로 사람들은 _____에 대해 가장 염려한다.

―나는 _____의 영역에서 좀더 중요하게 대접을 받고 싶다.

―내가 종종 느끼지만 잘 표현하지 않는 감정은 _____이다.

 역동적인 토론 만들기

토론을 촉진하기 위해 리더가 해야 할 행동은 'ACTS'로 설명된다.

―토론에 참여하는 모든 사람들의 말을 확인해 준다(Acknowledging).
동시에 여럿이 말을 했더라도 한 사람씩 확인해 주라. 또한 웃음이나 신음, 한숨소리 같은 것에도 반응을 보이라. 기억해야 할 것은 우리의 의사소통의 90%는 비언어적인 것이라는 사실이다.

─그 사람이 말하고 느낀 내용을 명확하게 정의하라(Clarifying).
"당신의 말씀을 제가 정확히 이해했는지 정리해 보겠습니다"라고 말하라.

─그룹이 토론하게 하라(Turning it back to the group).
모든 질문에 다 대답해 주는 리더가 되지 말고, "방금 말씀하신 것에 대해 다른 분들은 어떻게 생각하세요?"라고 질문하라.

─토론을 요약하여 정리하라(Summarizing).
"지금까지의 말을 종합해 보면 이런 이야기들을 나눈 것 같습니다"라거나 "낸시, 지금까지 한 토론의 핵심을 요약해 주시겠어요?" 등으로 말하라.

질문

토론을 촉진하는 또 다른 열쇠는 건전한 질문들을 끌어내고 적절한 답변을 제공하는 것이다. 다음은 그룹이 의미 있고 도전적인 토론을 할 수 있게 도와주는 질문과 대답들에 대한 지침이다.

● 여는 질문

모임을 시작하는 질문을 통해 워밍업을 하고, 서로를 더 알아 가고, 구성원들이 자신의 의견을 말할 기회를 얻게 된다. 또한 토론할 주제에 대해 구성원들이 자신의 마음과 생각을 준비할 수 있다.

"오늘밤 왜 내가 이 주제로 토론해야 하는가?"라는 질문에 답하는 짧고 창의적인 예화나 이야기로 토론의 주제를 끄집어낼 수도 있다.

예:

"나이가 들어 가면서 바라게 되는 것은 무엇입니까?"

"종종 우리가 깊이 친해지는 것을 두려워하게 되는 것은 무엇 때문입니까? 우리 그룹이 그런 걱정을 덜기 위해서 할 수 있는 것은 무엇입니까?"

● 토론 유도 질문

토론의 목적을 아는 리더는 그룹 상호작용과 피드백을 창출하는 착수 질문을 준비한다. 보통 "나는 무엇을 알고 있는가, 나는 무엇을 느끼는가, 나는 무엇을 해야 하는가?"를 묻는 질문들이다.

예:
"요셉이 직면했던 장애물들을 통해 우리는 무엇을 배울 수 있으며, 우리는 어떻게 그것을 극복할 수 있을까요?"
"오늘 우리는 열띤 토론을 했는데, 어떻게 하면 서로에 대한 신뢰감을 높일 수 있겠습니까?"
"이때 베드로의 마음속에는 어떤 생각이 있었을까요?"

토론을 유도하지는 않지만, 대답과 피드백을 유도하는 질문들도 있다. 토론을 유도하는 질문에는 토론을 이끌어 주는 것과 토론을 제한해 주는 두 종류의 질문이 있다. 토론을 이끌어 주는 질문에 대한 대답은 간단명료하다.

예:
"이런 상황이라면 당신은 유혹을 받을 것 같습니까?"
"이 말에 동의하십니까, 아니면 반대하십니까?"

토론을 제한해 주는 질문은 리더가 그 마음속에 특정한 대답을 가지고 질문하는 것이다. 이런 질문으로 구성원들이 새로운 것을 발견할 수는 없겠지만, 기억해야 할 사실을 명료하게 해 줄 수 있다.

예:

"이 본문에서 발견할 수 있는 세 가지 명령은 무엇입니까?"
"바울은 우리가 반드시 해야 할 두 가지가 무엇이라고 말했습니까?"

● 안내하는 질문들

토론을 꼼꼼히 준비했다 하더라도 즉흥적으로 토론의 방향을 잡아 주어야 할 때가 있다.

예:

구성원의 질문을 다시 표현한다 : "지금 질문하시는 내용이 '어떻게 우리 그룹이 신뢰를 쌓아 나갈 수 있을까?' 라는 것입니까?"
질문을 개인화한다 : "예수님께서 당신에게 이 질문을 하신다면 어떻게 대답하시겠습니까?"
합의나 의사결정에 대한 테스트 : "그러면 우리 모두가 이 명령에 순종해야 한다고 생각하십니까?"

● 요약하는 질문

여러 의견들을 나눈 후 요약하는 것은 토론의 온전함과 방향성을 성경적으로 지키면서도 구성원들의 의견을 인정해 주는 효과를 준다.

예:

발언을 인정해 줘야 할 때는 눈을 응시하고 웃으면서 "의견을 나누어 주셔서 감사합니다"라거나, "좋은 견해입니다"라거나, "그래요. 그거 한번 생각해 볼 만한 의견입니다. 다른 의견은 없습니까?"라고 물어 보라. 요약할 때는 "이 본문에서 우리가 볼 수 있는 것은…"이라고 말할 수 있다.

● 적용 질문

소그룹 성경공부의 목표는 지식을 전달하는 데 있지 않고 삶을 변화시키는 데 있다. 리더는 구성원들에게 적용 질문을 함으로써 그들이 배운 것을 적용하도록 도와줄 수 있다.

예:
"오늘 저녁에 토론한 결과 이번 주에 고쳐야 할 것들은 무엇입니까?"
"이것이 우리를 어떻게 변화시킬까요?"

반응

리더와 구성원들이 다른 구성원들의 질문이나 말에 어떻게 반응하느냐가 토론을 살릴 수도 있고 죽일 수도 있다. 구성원들의 질문이나 말에 반응하는 몇 가지 방법에 대해 생각해 보자.

● 인정하는 반응

이런 반응은 각 사람의 가치를 인정해 주며, 친근감과 열린 마음을 갖게 해 준다. 그들이 말한 것을 듣고 이해했으며, 그 의견을 존중한다고 확실히 표현하라.

예:
"방금 나누신 말씀을 들으니 얼마나 마음이 아프셨을지 이해가 됩니다. 저도 당신이 이번 주에 상사에게 받은 대접 때문에 마음이 안타깝군요."
"보브, 무슨 말씀을 하고 싶으신지 잘 알겠는데요. 중요한 것은 우리가 스티븐의 이야기를 귀 기울여 듣고 그가 삶 속에서 중요한 결정을 내리려 할 때 그의 곁에 같이 있어 주는 것입니다."

● 참여 권유 반응

소극적인 사람들도 토론에 참여하도록 초청하는 반응이다. 이 반응은 토론에 참여하고 있는 사람들을 인정해 줄 뿐 아니라, 다른 사람들도 동참하도록 초청한다. 참여 권유 반응은 부끄럽게 하거나 수치스럽게 하거나 훈계하지 않기 때문에 구성원들을 고립시키지 않는다.

예:

"그룹의 다른 구성원들이 당신이 경험한 슬픔에 어떻게 반응했었나요?"

"샘, 놀라운 생각이군요. 어떻게 그것을 깨닫게 되었는지 말씀해 주실 수 있는지요?"

"보브가 오늘밤에 마음속 깊은 곳에 있는 감정들을 나누었습니다. 다른 분들도 직장에서 비슷한 갈등에 직면했을 때 어떻게 대응했는지 말씀해 보시겠습니까?"

● 다시 표현하기 또는 심층적 반응

구성원이 한 말을 다시 표현해 봄으로써 그 사람의 감정을 더 깊이 공유할 수 있다. 들은 이야기가 요약되기도 하고 구성원들이 한 사람의 감정, 생각, 행동을 탐색해 볼 수 있다.

예:

"준, 제가 들은 것이 맞다면 방금 나누신 이야기는 지난 주 케리가 나눈 이야기와 비슷한데 그렇다면 이 문제에 대해서 케리와 같은 생각을 갖고 계십니까?"

"어린 시절의 아픈 경험이군요. 그레그, 어떻게 그 아픔에 반응하셨나요? 지금은 그 문제에 어떻게 대응하십니까?"

"샤론이 승리했다는 것에 우리도 흥분되네요. 그런데 그것이 남편 스코트와의 관계에는 어떤 영향을 주었나요?"

이렇게 인정하고, 참여하고, 다시 표현하는 반응을 보임으로써 리더는 구성원들을 소중히 여길 수 있고, 구성원들이 감정, 생각, 염려를 표현하도록 격려할 수 있다.

효과적인 청취의 역학

적극적인 청취는 내가 무엇을 들을 것인가 뿐만 아니라, 무엇을 말하는가도 포함한다. 다시 말하면 토론을 인도하는 리더로서 상대방의 말을 들을 때 나의 개인적인 계획이나 듣는 데 방해가 되는 생각들(특히 '이따 내가 이 말을 해 줘야지!'라는 생각)을 버리고 말하는 사람에게 주의를 집중해야 한다. 적극적인 청취를 돕는 몇 가지 조언을 제시한다.

● **당신이 말해야 할 것**
1. 구성원들의 의견을 구하라.
2. 사람들의 감정에 공감하라.
3. 구성원들의 말을 탐색하여 더 많은 정보를 수집하라.
4. 구성원들이 한 말을 명료화시키라.

● **당신이 들어야 할 것**
1. 언어적인 것 : 말한 내용에 주의를 기울이라. 때로 자신이 말하고자 하는 것에 더 많은 관심을 갖다 보면 토론 시 간단한 사실조차도 제대로 듣지 못할 때가 있다. 사람의 이름, 사건, 날짜, 다른 구체적인 내용에 유의해서 들으라.

2. 비언어적인 것 : 내용이 표현되는 방식도 중요하다. 우리는 말 이외에 다른 방법으로도 표현할 수 있고 들을 수 있다. 비언어적 메시지가 언어 메시지와 일치하고 있는가? 세 가지 영역에서 살펴보라.
   - 얼굴 표정 : "괜찮아요"라고 말하지만 얼굴 표정은 "나는 조금 슬퍼요"라고 말

하고 있는 구성원은 없는가?
- 어조: 비웃는 어투인지, 화가 났는지, 슬픈지, 명랑한지, 주저하는지, 두려워하는지 감지하라.
- 동작과 자세: 팔이나 다리를 꼬고 있는지, 불안해 하는지 편안해 하는지, 관심을 보이는지, 지루한지 자세를 살펴보라. 사람의 행동만 보아도 많은 것을 '들을' 수 있다는 것을 명심하라.

아래의 도표는 적극적인 청취와 소극적인 청취의 차이를 나타낸다. 리더로서 당신 자신을 어떻게 평가할 수 있겠는가?

청취 기술

소극적	청취	적극적 청취
태도	거부하며 비판적 "관심 없어요."	수용하며 용납함 "정말 듣고 싶습니다."
초점	나-내가 말하고 싶은 것 "내가 무엇을 생각하는가?"	다른 사람-다른 사람들이 하는 말 "그의 말은 무슨 의미일까?"
반응	내 생각은 이렇다. "내 생각에 당신은 이래야 합니다."	상대방의 말을 먼저 명확하게 정리한다. "당신은 …라고 생각하시는군요." "당신은 …라고 느끼십니까?"
메시지	당신이 말한 것은 중요하지 않다. "당신이 하는 말을 못 들었습니다."	상대방의 감정과 필요까지 감지한다. "당신이 이렇게 말씀하시는 걸 들었습니다."
결과	화자가 좌절과 분노를 느낀다. 청자는 "나는 관심 없어요"라는 태도를 취한다.	화자가 절충하거나 더 많이 말하려 한다. 청자는 "당신이 하는 말은 제게 중요합니다"라는 태도를 취한다.

특별히 이제 막 탄생한 그룹이라면, 그룹이 함께 위의 내용을 살펴보면 유익할 것이다.

 **그룹 기도**

의미 있는 그룹 기도회를 인도하려면 리더는 무엇을 해야 하는가?

1_본을 보이라
- 먼저 당신 자신이 기도의 사람이 되라. 구성원들을 위해 기도하고 빈 의자에 앉게 될 사람들을 위해 기도하고 그룹을 인도할 때 하나님께서 방향을 제시해 달라고 기도하라.
- 그룹에서 소리 내어 기도할 때 정직하고 진실하며 마음속에서 우러나오는 기도를 하라.
- 그룹 기도를 위한 기본 지침
 • 짧은 기도가 부담 없다(Short).
 • 단순한 기도가 정직하다(Simple).
 • 성령의 인도를 받는 기도는 하나님의 능력을 임하게 한다(Spirit-led).
 • 특히 새신자들에게는 침묵 기도가 좋다(Silence).

2_부담을 주지 말라
- 그룹 기도 시작 전에 미리 이야기하여 허락을 받지 않았다면 (혹은 잘 아는 사이가 아니라면) 특정 구성원을 지적하여 기도를 시키지 말라.
- 항상 모두가 기도에 동참할 것이라고 기대하지 말라.
- 돌아가면서 기도하도록 시키지 말고 성령의 인도를 느끼는 각 사람이 한 사람씩 기도할 수 있게 하라.
- 친밀도를 존중하라. 인간관계가 깊어져서 편안해지면 더욱 진실한 기도를 드릴 수 있을 것이다.
- 기도 시간을 누가 마칠 것인지를 분명히 하라.

3_기도 지침을 제시하라
- 일반적인 지침을 마련하되, 성령께서 인도하시게 하라.
- 기도에 대한 긴 토론은 하지 말라.
- 매번 모일 때마다 기도하는 시간을 꼭 포함하라.
- 다양한 기도 방법을 사용하라.

그룹이 서로를 위해서 기도할 때 어떤 일이 일어나는가?

1. 그리스도와 서로에 대한 관계가 깊어진다. 영적 성장을 경험한다.
2. 문제를 하나님의 손에 맡기고 그분이 돌보신다는 것을 신뢰하면 탈진을 피할 수 있다.
3. 성령께서 역사하시게 그룹을 내어드리면, 함께 모이는 시간이 충만해지고 재충전하는 시간이 될 것이다.
4. 하나님께서 놀라운 방법으로 당신의 기도에 응답하실 것이고 당신의 믿음이 자랄 것이다.

그룹 기도를 위한 창조적인 아이디어들

1. 함께 시편을 큰 소리로 읽으면서 기도하라.
2. 부부 그룹인 경우 배우자간에 서로를 위해 기도하게 하라.
3. 모임 시작, 중간, 끝날 때의 기도 시간에 변화를 주라.
4. 주중에 서로를 위해 기도하기 위한 성경구절을 택하라(예 : 골 1 : 9; 엡 3 : 14~19 등).
5. 매주 교회 주보나 프로그램에 소개된 교회의 기도제목을 놓고 기도하라.
6. 어려움에 처한 사람이 있으면 다른 일을 중단하고 그 자리에서 즉시 기도하라.

7. 교회, 나라, 도움이 필요한 가정, 특정 전도 집회, 그 외에 당신의 그룹이 관심을 갖고 있는 어떤 영역이든지 위해서 기도하라.
8. 기도에 대해 공부하라. 『Praying from God's Heart』(하나님의 마음으로 기도하기, Lee Braise), 『기도』(리처드 포스터), 『너무 바빠서 기도합니다』(빌 하이벨스) 등을 강력히 추천한다.
9. 그룹 안에 믿음과 격려의 은사를 가진 사람이 있는가? 그 사람에게 기도 담당자가 되어 달라고 부탁하고, 모일 때마다 기도제목을 기록하고 응답을 추적, 기록하게 하라. 구성원 중 한 사람에게 위급한 일이 생겼을 때 기도 담당자에게 전화하면, 그가 다른 구성원들에게 알려서 그를 위해 기도하게 할 것이다.
10. 찬양은 중보기도의 한 가지 방법이다. 한 구성원이 어려움에 처해 있는가? 어려움 속에서 하나님을 찬양하라(시편 13편 참조).
11. 각 구성원에게 금주의 기도제목들을 종이에 써서 제출하게 하라. 종이를 접어서 상자 안에 넣게 하라. 상자를 돌리고 각 사람이 그 안에서 종이 한 장씩을 꺼내 주중에 그 사람을 위해 기도하고 전화해서 격려해 준다.
12. 기도제목을 나누는 시간을 줄이기 위해서 각 사람에게 가로 7, 세로 10cm 짜리 카드를 나눠 주고 그 주간의 기도제목을 적게 한 후 다른 구성원들과 카드를 교환하게 하라.
13. 우리는 하나님의 관점과 뜻에 맞추어 기도해야 한다(요 16:23, 24). 어떤 행사를 위해서, 혹은 어떤 사람의 구원이나 건강 문제를 위해서 기도 요청을 받았을 때는 잠깐 멈추고 '주님께서 바라시는 것은 무엇입니까? 주님의 뜻이 이뤄지도록 제가 어떻게 기도해야 합니까?'라고 여쭤 보라.

TIP

"이로써 우리도 듣던 날부터 너희를 위하여 기도하기를 그치지 아니하고 구하노니 너희로 하여금 모든 신령한 지혜와 총명에 하나님의 뜻을 아는 것으로 채우게 하시고 주께 합당히 행하여 범사에 기쁘시게 하고 모든 선한 일에 열매를 맺게 하시며 하나님을 아는 것에 자라게 하시고 그 영광의 힘을 좇아 모든 능력으로 능하게 하시며 기쁨으로 모든 견딤과 오래 참음에 이르게 하시고 우리로 하여금 빛 가운데서 성도의 기업의 부분을 얻기에 합당하게 하신 아버지께 감사하게 하시기를 원하노라 그가 우리를 흑암의 권세에서 건져내사 그의 사랑의 아들의 나라로 옮기셨으니 그 아들 안에서 우리가 구속 곧 죄 사함을 얻었도다"(골 1:9~14).

다른 사람들을 위해 무엇을 기도할 것인가?
골 1:9~14

중보기도는 다른 사람을 대신해서 하나님께 간구하는 것이다. 때로 우리는 친구나 가족들(뿐만 아니라 우리에게 상처를 준 사람들까지)을 위해 기도해야 한다는 것을 알면서도 어떻게 기도해야 하는지를 모르는 경우가 있다. 사도 바울은 골로새서 1장 9~14절 말씀을 통해서 우리가 다른 사람들을 위해 기도하는 방법을 제시한다. 이 말씀을 읽고 이 유형대로 기도해 보라. 그리고 하나님께서 어떻게 응답하시는지 지켜보라.

이렇게 기도하라

1. 하나님의 뜻을 이해하도록
2. 영적인 지혜를 얻도록
3. 하나님을 기쁘시게 하며 영광을 돌리는 삶을 살도록
4. 다른 사람들에게 선을 베풀도록

5. 하나님을 더욱더 잘 알아 가도록

6. 하나님의 힘으로 충만하도록

7. 인내로 견디도록

8. 그리스도의 온전한 기쁨 안에 거하도록

9. 항상 감사하도록

10. 하나님께서 그들의 죄를 용서하셨음을 기억하도록

성경에 나타난 기도의 예와 유형

주기도문은 우리의 기본 모델이다. 그리고 성경에 등장하는 몇 가지 기도문도 당신의 그룹이 더 깊은 차원의 기도로 나아가게 해 주는 다양한 기도 방법과 유형들을 제시하고 있다.

"그러나 우리가 순전한 마음으로 기도할 때, 우리 마음의 진정한 상태가 드러난다. 당연히 그래야 할 것이다. 이때 하나님께서 진정으로 우리 안에서 역사하기 시작하신다. 모험이 시작되는 것이다."

리처드 포스터, 「기도」

기도의 종류

시작: "우리의 기도를 들으사"(느 1 : 11; 시 5 : 1~3).

경배: "이름이 거룩히 여김을 받으시오며"(신 10 : 21; 대상 29 : 10~13; 시 34 : 8, 9).

확인: "주의 뜻이 이루어지이다"(시 27 : 1; 사 26 : 3; 롬 8 : 38, 39).

그룹의 필요: "오늘날 우리에게 …를 주옵시며"(시 7 : 1; 느 1 : 11; 마 7 : 7, 8).

죄 고백 :	"우리의 죄를 사하여 주옵시고"(시 51편; 마 18 : 21, 22; 요일 1 : 9).
새롭게 함(보호) :	"우리를 시험에 들게 하지 마옵시며"(시 137 : 7; 요 15 : 7~11).
감사 :	"여호와께 감사하라"(대상 16 : 34; 시 75 : 1; 계 11 : 17).
축복 :	"여호와는 네게 복을 주시고 너를 지키시기를 원하며"(민 6 : 22~27; 시 1 : 1).
위임 :	"가서 제자를 삼아"(마 28 : 18~20; 행 1 : 8).
치료 :	"믿음의 기도는 병든 자를 구원하리니"(약 5 : 13~16; 시 6 : 2, 41 : 4).
영적 전쟁 :	"사단아 물러가라"(마 4 : 10, 16 : 23).
축도/마침 :	"주의 은혜가 있을지어다"(고후 13 : 14; 엡 3 : 20, 21).

갈등 해소

그룹 안에서 관계가 깊어지면 갈등도 불가피하다. 구성원 간에 갈등이 없다면 아마도 그 그룹은 갓 시작된 그룹이든지 아니면 진실한 관계를 추구하지 않는 그룹일 것이다. 갈등 해소를 위한 성경적인 방법과 소그룹 리더들을 위한 효과적인 갈등 해소 전략에 대해 알아보자.

성경은 다툼과 건설적인 갈등을 구별한다. 다툼은 부정적이다. 왜냐하면 이것은 자신만을 내세우고 분란을 일으키려는 의도로 빚어진 헛된 논쟁이나 의견의 불일치이기 때문이다. 야고보서 4장 1~3절은 "너희 중에 싸움이 어디로, 다툼이 어디로 좇아 나느뇨 너희 지체 중에서 싸우는 정욕으로 좇아 난 것이 아니냐 너희가 욕심을 내어도 얻지 못하고 살인하며 시기하여도 능히 취하지 못하나니 너희가 다투고 싸우는도다 너희가 얻지 못함은 구하지 아니함이요 구하여도 받지 못함은 정욕으로 쓰려고 잘못 구함이니라"라고 말씀한다. 이런 종류의 다툼은 하나님을 기쁘시게 못한다. 바울은 디모데후서 2장 24절에서 똑같은 말을 하고 있다. "마땅히 주의 종은 다투지 아니하고"

그러나 성경은 리더들에게 건설적인 비판과 권면을 함으로써 영적 성장이 일어나게 하라고 권면한다. 디모데후서 3장 16절에서는 이것을 "책망"이라고 하고 다른 곳에서는 "견책" 혹은 "권면"이라고 말한다.

"갈등을 만들어낸 당사자와 직면할 때 중요한 것은 화술이나 대인관계의 기술이 아니다. 가장 중요한 것은 솔직한 언어, 공감하는 자세, 정직한 반응이다."
데이비드 어그스버거, 『Caring Enough to Confront』(맞설 만큼 충분히 돌보기)

갈등 해소를 위한 성경적인 원리들
● 다툼과 건설적인 갈등의 차이

다툼 (약 4:2)	건설적인 갈등 (마 5:23~26)
내가 이기고 상대방이 지기를 바란다	쌍방이 이긴다(win/win)
편을 나누고 한 편을 든다	화해를 추구하고 단계적으로 일을 처리한다
분쟁을 과장한다	사랑 안에서 진실을 말한다
다툼 자체가 목적이다	목적을 이루기 위한 수단이다
무너뜨린다	더 좋은 것으로 가는 길을 닦는다
뒤에 숨겨진 의도가 있다	모든 것이 투명하게 드러난다
한 사람의 주장 때문에 발생한다	공동체의 필요 때문에 나타난다
전투이다	사역이다
힘이 든다	힘이 든다

갈등 해소에 대한 성경 말씀

- 사랑 안에서 참된 것을 말하라(엡 4:15, 25).
- 사람들의 감정을 바꾸려고 하지 말고 이해하여 반영하라(롬 12:15; 고전 12:26).

- 덕을 세우며 은혜로 해결하라(엡 4 : 29~32).
- 솔직한 감정을 표현하되 죄는 범하지 말라(엡 4 : 26, 27).
- 개인적인 논쟁은 개인적으로 해결하라(마 18 : 15~17).
- 남이 잘못한 것들을 기억하지 말라(고전 13 : 5).
- 말하기 전에 생각하라(잠 15 : 23, 28).
- 비난을 비난으로 갚지 말라(벧전 3 : 8, 9).
- 갈등의 진짜 원인을 확인하라(약 4 : 1, 2; 잠 13 : 10).
- 인간관계에서 화평과 덕을 세우라(롬 14 : 19).
- 불필요한 논쟁을 거절하라(잠 20 : 3; 딤후 2 : 24).
- 당신 자신만이 아니라 구성원들의 유익을 구하라(빌 2 : 4).

갈등 해소를 위한 전략들

갈등 해소에는 여러 방법론이 있는데 각기 나름대로 유익이 있다. 그러나 소그룹에서는 타협과 협력의 전략이 가장 효과적일 것이다.

● 회피
- 회피는 아래의 경우에 효과적이다.
- 미미한 문제일 때
- 시간이 해결해 줄 수 있는 문제일 때
- 체면(자신이나 다른 사람의)을 지켜야 할 때

- 회피하는 것은 아래의 경우에 비효과적이다.
- 중요한 문제일 때
- 문제가 그냥 해결될 수 없을 때(놔두면 더 심각해짐)
- 회피하면 신뢰에 금이 갈 때

- 크고 중대한 사안이 관련될 때

● 대결
- 대결은 아래의 경우에 효과적이다.
- 대결하여 결론을 도출하는 것이 더 나은 해결책이 될 때
- 한 사람이나 입장이 이기기를 바라지만 공식적으로 입장을 밝힐 수가 없을 때
- 문제가 관계보다 중요할 때
- 대결할 때 원인이 분명해지고 한쪽의 약점이 드러날 수 있을 때

- 대결은 아래의 경우에 비효과적이다.
- 장기적으로 중요한 관계일 때
- 갈등이 문제를 벗어나 개인적인 갈등으로 고착화될 수 있을 때
- 공개적으로 어느 한 편이 이기거나 지는 것을 피하는 것이 좋을 때

● 수용
- 수용은 아래의 경우에 효과적이다.
- 관계가 업무보다 중요할 때
- 문제가 사소할 때
- 조금만 양보하면 나중에 더 큰 이득을 얻을 수 있을 때(어느 싸움을 이기고 질지 잘 판단하라)

- 수용은 아래의 경우에 비효과적이다.
- 그런 행동이 뜻을 굽히는 것으로 해석될 수 있을 때
- 지혜롭지 못한 선례가 될 때

> **TIP**
> "문제를 지적받지 않는 삶은 방향성이 없고, 목적이 없고, 수동적이다. 도전받지 않으면 인간은 표류하거나, 방황하거나, 정체된다. 문제를 지적받는 것은 하나의 선물이다."
> 데이비드 어그스버거

● **타협**

− 타협은 아래의 경우에 효과적이다.

- 간단한 해결책이 없을 때
- 문제에 양측의 강한 이해관계가 걸려 있을 때
- 모두가 동의할 만한 해결책을 찾아낼 시간이 없을 때
- 상황이 그렇게 심각하지 않으며 적절히 해결이 가능할 때

− 타협은 아래의 경우에 비효과적이다.

- 일방의 입장을 지키지 못한 위험한 선례가 남게 될 때
- 더 나은 해결책이 있을 때
- 어떤 종류의 양보도 하지 않는 것이 중요할 때

● **협력**

− 협력은 아래의 경우에 효과적이다.

- 업무와 관계 모두 매우 중요할 때
- 시간, 정보, 협력하려는 의지가 있을 때
- 결과가 너무나 중요할 때
- 충분한 신뢰가 쌍방간에 존재할 때

− 협력은 아래의 경우에 비효과적이다.

- 시간, 신뢰, 자원이 없을 때

• 시간, 에너지, 자원을 투자할 가치가 없는 문제일 때

대면할 수 있을 만큼 진실한 관계를 맺기 : 갈등을 통과하는 창조적인 방법

데이비드 어그스버거는 자신의 책 『Caring Enough to Confront』(맞설 만큼 충분히 돌보기)에서 갈등 해소를 위한 접근법을 제시한다. 아래에 이 전략의 개요가 있다.

● **돌봄에 대한 부정확한 생각 :**
문제에 대면하지 않고 돌보는 것이 좋다.

돌봄이 필요하다면 돌보아야 할 것이다. 그러나 돌볼 때는 조금이라도 문제에 대면함으로써 돌봄의 관계를 깨서는 안 된다. 진정으로 돌보려면 지나치게 솔직한 판단이나 문제에 대한 대면을 최대한 피해야 한다. 그 사람을 진심으로 돌볼 때는 그의 문제를 지적하지 말라. 돌봄을 필요로 하는 사람의 마음에 상처를 주어서는 안 될 것이다.

● **대면에 대한 부정확한 생각 :**
대면은 돌봄에 비해 나쁜 의미이다

대면이 필요하다면 대면해야 할 것이다. 그러나 대면할 때 돌보는 자세가 혼합되어서는 안 된다. 강력히 대면하기 위해서는 돌봄은 배제되어야 한다. 화가 났을 때는 싸워야 한다. 그런 순간에 돌봄을 이야기하는 것은 거짓된 것이다.

> **TIP**
> "만일 당신에게 종양이 있는데 의사가 검사하고 나서 악성임을 판명했다면, 당신은 그 사실이 견디기 힘들다고 해서 의사가 말해 주지 않기를 원하겠는가? 우리의 육체를 다루는 의사로부터도 진실을 듣기 원한다면, 우리의 영혼을 돌보는 사람으로부터는 더욱 진실을 들어야 하지 않겠는가?"
> 찰스 R. 스윈돌, 『너의 장벽을 허물라』

● 돌보며 대면하는 데 대한 올바른 생각:

'돌봄'과 '대면'이라는 두 개념을 합쳐 놓으면 건강한 인간관계를 세우는 사랑과 능력이 균형을 이루게 된다. 그러나 불행하게도, 통상 인간관계의 현장에서는 이 두 가지가 분리되어 있다.

대면을 피하지 않아야 진정한 돌봄이 이루어진다. 돌본다는 것은 다른 사람의 성장을 기뻐하고, 권장하고, 지원하는 것이다. 그러려면 진정한 대면이 이루어져야 하며 그럴 때 새로운 깨달음과 이해를 얻게 된다. 효과적으로 대면하려면 최소한으로 공격하면서, 그가 알아야 할 사실을 최대한 전달해야 한다.

돌보며 대면할 때 사랑과 능력이 연합되며, 관계에 대한 관심과 목표에 대한 관심이 일치된다. 이렇게 할 때 어느 한쪽을 희생시키거나 와해시키지 않고 목표와 관계를 동시에 가질 수 있다. 따라서 능력 있는 사랑을 할 수 있다. 이것은 상호모순적이 아니라 상호보완적이다.

그룹 내에서 분노를 표현하기

그룹 내에서 화를 내는 데는 두 가지 방법이 있다. '나' 메시지와 '너' 메시지를 전하는 것이다. '나' 메시지는 분명하고 자기 고백적이다. 분노, 책임, 요구가 '나' 메시지를 사용하는 자신에게로 향하며, 다른 사람을 탓하지 않을 수 있다. '너' 메시지는 상대방에게 공격적이고, 비판적이고, 딱지를 붙여버리고, 상대를 평가절하하며, 비난한다.

화가 날 때는 분명하고 단순한 '나' 메시지를 사용하라. '나' 메시지와 '너' 메시지의 예는 다음과 같다.

"나" 메시지	"너" 메시지
나는 화가 났다.	너는 나를 화나게 한다.
나는 거부당한 느낌이다.	너는 나를 판단하며 거부하고 있다.
나는 우리 사이의 벽이 싫다.	너는 우리 사이에 벽을 만들고 있다.
나는 비난하거나 비난받고 싶지 않다.	너는 모든 비난을 내게 돌린다.
나는 "예" 혹은 "아니오"라고 말할 수 있는 자유를 원한다.	너는 내 인생을 조종하려고 한다.
나는 다시 너와 서로 존중하는 친구가 되기를 원한다.	너는 나를 존중해야 하고 그렇지 않으면 내 친구가 아니다.

관계 형성

 관계 형성 실습

이 실습의 목적은 그룹에서 즐거움, 커뮤니케이션, 정직성, 투명성, 진실성, 경험의 공유를 장려하여 그것을 통해 관계를 세워 가는 것이다. 관계가 성장하면 공동체가 강화될 것이다. 이 실습을 하는 동안 기억해야 할 것은 다음과 같다.

- 목표를 확실히 알라.
- 그룹의 크기를 생각하여 필요한 경우에는 더 작은 하위 그룹들로 나누어 모이라.
- 모두가 참여할 수 있는 충분한 시간을 주고 필요한 시간을 줄이지 말라.
- 리더도 다른 사람들처럼 참여해야 한다.
- 성령께서 역사하시게 하며, 그것을 방해하지 말라. 언제 개입하거나 방향을 조정해야 하며, 언제 잠잠해야 하는지 분별하라. 감정을 표현하기를 쑥스러워하지 말라.

● '할 수 있다'

구성원들이 다음 모임에 올 때, 최근에 그들의 삶 가운데서 어떻게 하나님께서 그분의 능력을 확증하셨는지 보여주는 물건을 가져오라고 숙제를 내 주라. 하나님께서 어떻게 능력을 보이셨으며, 그 물건이 하나님의 능력과 축복을 어떻게 나타내는지 설명을 준비해 오게 하라.
　-가지고 설명할 수 있는 구체적인 물건이어야 한다.
　-다른 사람이 아닌 자신의 경험을 이야기해야 한다.
　-최근의 경험을 이야기해야 한다.
　모임에서 각 사람이 자기의 이야기를 하게 하라.

● 변형: '받은 복을 세어 보라'
　우리는 성경에서 하나님의 백성들이 종종 과거에 경험했던 하나님의 역사를 되돌아보며 기록한 것을 볼 수 있다. 우리는 이 본을 따라 다양한 방법으로 하나님의 역사를 기억할 수 있다.
　-그리스도에 대해 처음 들었을 때 어땠는지 떠올린다.
　-간증을 한다.
　-하나님께서 기도에 응답하셨던 때를 기억한다.
　-어려운 상황 속에서 하나님께서 어떻게 인도하셨는지 기억한다.
　-그룹이 함께 모인 지 꽤 되었다면 그 동안에 함께 경험했던 것들과 그것이 나에게 무슨 의미가 있었는지 회상한다.
　-처음 교회 나왔을 때의 인상과 그 동안 교회가 나에게 어떤 의미가 되어 왔는지 설명한다.
　그룹이 오랫동안 함께 모여 왔다면 이런 경험을 통해 그룹의 역사의식이 형성될 것이다. 하나님의 성품이나 나의 체험을 회상하는 것은 하나님께 예배 드리기 위한 준비가 될 수 있다.

● 두 가지 진실/한 가지 거짓말
　그룹의 모든 사람에게 종이 한 장과 펜을 나눠 주라. 자기 자신에 대해 진실 두 가지와 거짓말 한 가지를 쓰게 하라. 순서는 마음대로 해도 된다(크게 써서 그룹의 모든 사람들이 볼 수 있게 하라). 그리고 한 사람이 세 가지 항목을 읽게 하라. 어느 것이 거짓말인지 다른 사람들이 찾아내야 한다. 작성자가 왜 그것이 진실인지, 혹은 거짓인지 설명한다. 모든 사람이 돌아가며 설명한다.

● 상자 속의 질문지

모임이 시작되기 전, 모임을 여는 질문을 종이에 하나씩 적어서 상자에 넣는다. 최소한 구성원들의 수만큼 질문지가 있어야 한다. 질문의 수준은 당신의 그룹에 알맞게 선택하라. <오른쪽으로 패스>, <왼쪽으로 패스>, <부메랑> 등과 같은 '특별 질문지'도 별도의 종이에 기록해서 상자 속에 넣는다.

누구나 질문지를 받았을 때 "패스"라고 말할 수 있다. (이것은 사람들이 부담을 느끼지 않게 해 주는 방법이다.) 가령 메리가 상자에서 질문지를 한 장 꺼낸다. 메리는 방안에 있는 누구에게나 한 번 질문할 수 있다. 존에게 질문을 하면 존은 그 질문에 대답한다. 그 다음에는 존이 질문지를 꺼내서 메리를 제외한 누구에게든 질문하는 식으로 모임은 진행된다.

만일 <오른쪽으로 패스>나 <왼쪽으로 패스>가 나오면, 가지고 있다가 질문을 받을 때 사용하라. 만일 <오른쪽으로 패스>를 사용하면 바로 오른쪽에 앉아 있는 사람이 그 질문에 대답해야 한다. 당신이 <부메랑>을 가지고 있다면 당신에게 질문한 사람이 그 질문에 대답해야 한다. (물론 누구든 원한다면 "패스"라고 말할 수 있다.)

● "나는 누굴까요?"

모임 전의 한 주 동안, 다른 구성원들이 전혀 모르는 각 사람에 대한 진실을 한 가지씩 수집한다. 물론 알려져도 되는 사실이어야 한다. 리더는 그것을 한 장의 종이에 모두 기록해서(자신의 것도 포함) 사람 숫자만큼 복사한다.

모임에서 복사한 종이를 나누어 준다. 목적은 누구의 진실인지 알아맞히는 것이다. 어떤 사람에게 다가가 목록의 두 가지 사항을 물어본다. ("당신은 …입니까?"

아니라고 대답하면, "그렇다면 당신은 …입니까?") 한 사람에게 두 번 질문한 후에는 다른 사람에게로 옮겨 간다.

제한한 시간이 지나면 (혹은 다 맞춘 사람이 생기는 즉시) 게임은 종료되고, 리더는 목록을 읽으면서 누가 누구인지 알려 준다.

● 내 인생의 사건들

모두에게 긴 종이와 펜을 나누어 준다. 각자 자신의 인생 시간대를 구분하는 가로 선을 종이에 긋고 그에 맞게 자신들의 삶에서 3~5가지 정도의 중요한 사건들을 적은 후 (이때 사건의 숫자는 모임 시간에 따라 달라질 수 있다) 설명하게 한다.

● 자화상 그리기

모두에게 큰 종이 한 장과 매직이나 크레용을 나눠 준다. 자화상을 그리게 하라. 그림을 하나씩 들고 누가 누구인지 맞춰 보게 하라. 누구인지 맞추면 그 사람이 자신에 대한 이야기를 할 시간을 주라.

● 소개

만일 그룹 내에서 소개하는 시간을 갖게 된다면, 자신이 직접 소개하기보다는 다른 사람이 소개하게 하라. 만일 부부 그룹이라면 배우자가 소개하게 하라. 그 사람을 인정해 주는 시간이 될 수 있다.

● 비디오

비디오가 예배, 찬양에 사용될 수 있다. 혹은 가정용 비디오카메라를 사용하여 한 구성원의 '하루의 삶'을 영상에 담아 보라.

● 하위 그룹으로 모이기

그룹이 크다면 더 작은 그룹들로 나누어 모이라. 두 명씩이라도 좋다. 이런 모임은 기도, 개인적인 교제, 관계 심화, 예민한 주제를 다루는 데에 특히 유익하다.

● 하나님의 속성들

"최근에 하나님의 속성 중 어떤 것이 당신에게 특별한 의미를 주었는가?"라고 물어 보라. (예를 들면, "저는 특별히 하나님의 신실하심에 감사 드립니다. 왜냐하면….") 리더 및 각 구성원이 이야기하게 하라.

변형 : 이야기하지 않고, 곧장 그것을 기도로 표현할 수도 있다.

● 성경 구절에 자기 이름 대입하기

리더가 모임 전에 주제를 선택하고, 주제에 따른 성경 구절을 한 사람에 한 구절씩 나누어 준다. 기도 시간에 각자 자신에게 할당된 구절에 자기 이름을 대입해서 읽으며 그 구절을 가지고 기도하게 하라.

예를 들어 주제가 '우리에 대한 하나님의 사랑'이라면, 성경 구절로는 시편 13편 5, 6절, 요한복음 15장 9절, 로마서 5장 5절 등을 택할 수 있다. "나 샌디는 오직 주의 인자하심을 의뢰하였사오니 내 마음은 주의 구원을 기뻐하리이다 내가 여호와를 찬송하리니 이는 나를 후대하심이로다."

● 서로 섬기기

그룹 밖에서 서로 섬길 수 있는 기회를 찾게 하라. 서로의 관계가 더욱 깊어지는 좋은 시간이 될 것이다. 아래의 예들을 고려할 수 있다.

- 다른 사람의 집을 도배하거나 페인트칠 해 주기
- 대청소
- 도움이 필요할 때 음식 만들어 주기

● 함께 봉사하기

그룹이 함께 섬길 수 있는 기회를 찾으라. 그룹 밖의 누군가를 돕고, 지원하고,

격려할 수 있는 기회를 찾아보라.
- 곤궁한 가족이나 사람(들) 돕기
- 교회의 특별 행사를 섬기는 일(예 : 부활절 예배 때 아이들 돌보는 일)
- 외국인들을 대상으로 하는 국제 사역을 섬기는 일

● 잔치

축하할 일들을 찾아보라. 그룹이 시작될 때, 새 그룹을 탄생시킬 때, 성장할 때, 개인적인 좋은 일이 있을 때, 그룹의 한 학기가 끝났을 때 등. 창의적으로 잔치를 계획해 보라. 함께 있는 것을 즐기라.

● '놀라운 인생'

리더는 각 구성원의 가장 가까운 친구 세 사람(배우자 포함)을 만나 그 사람이 이 세상에 태어나지 않았더라면 세상이 어찌되었을까를 쓰게 하라. 이 순서를 시작하기 전에 영화 <멋진 인생>(It's a Wonderful Life)의 한 장면을 비디오로 보여 주라. 주인공 조지 베일리가 천사 클라렌스에게 자신이 차라리 태어나지 않았더라면 더 좋을 뻔했다고 말했을 때 천사가 만약 조지 베일리가 없었다면 얼마나 이 세상이 고통을 받았을 것인가를 보여 주는 장면이다.

비디오를 본 후에 각 사람에 대해서 쓴 세 사람의 글을 소리 내어 읽어 주라. 그룹이 의견을 말할 시간을 주라.

● 계기판

각 사람에게 흰색 판지를 나눠 주라. 이때 판지 왼쪽 여백에 다음과 같은 말을 써놓으라.

정서적	나 자신의 감정을 솔직하게 느끼고 있는가?
관계적	나의 가족관계와 친구관계는 질적으로 어떤가?
신체적/오락	나는 건강한가?/즐거운 시간을 갖고 있는가?
사역 성취도	사역할 때 얼마나 기쁜가?
영적	요즘 하나님과의 관계에서 얼마나 정직하며, 성장하고 있는가?

색 테이프나 여러 가지 색의 매직을 준비한다. 각 사람이 자신의 삶에서 각 영역을 분석하는 시간을 가진 후 해당 색깔의 테이프를 옆에 붙이거나 해당 색의 매직으로 칠한다. 각 색깔별로 다음의 의미가 부여된다.

초록	이 영역에서 성공적으로 살고 있음.
회색	그럭저럭 괜찮음. 너무 좋지도 너무 나쁘지도 않음.
노랑	점점 더 걱정스러운 삶을 살고 있음. 주의를 요함.
빨강	이 영역에 문제가 있음. 심각한 주의와 교정이 필요함.

그리고 각자가 자신의 카드를 들고 계기판을 설명한다.

● 질문 공세

리더는 구성원을 한 사람씩 불러서 앞에 있는 의자에 앉혀 사람들과 마주보게 한다. 의자에 앉은 사람은 준비된 질문 목록에서 질문 하나를 뽑아 대답한다. 나머지 구성원들은 3, 4분 동안 다른 질문을 하거나 그 사람의 답변에 대해 토론한다.

● 질문 목록의 예:

성경에서 가장 좋아하는 책과 그 이유는?

최근에 나는 점점 더 _____하고 있다.

지금 나의 감정을 가장 잘 설명하는 단어는 _____이다.

만일 내가 세상에서 단 한 사람만 선택해서 하루를 지내고 싶다면, 그 사람은

_____이다.

● 구성원들을 인정하고 감사하는 밤

구성원 각자에게 종이 한 장씩을 준비해서 자기 이름을 상단에 적게 한다. 종이에 구성원들의 수만큼 칸을 그리게 한다. 종이 상단에 "이 사람을 귀하게 여깁니다. 왜냐하면…"이라고 적는다. 이 종이를 돌리게 해서 모두가 그 칸을 채우게 한 후 그 종이를 이름의 주인에게 돌려준다. 그런 다음 각자가 그 종이에 씌어진 말을 읽고 받은 감동을 나누게 한다. (약 30~45분 정도 소요된다.)

● 라이프 스토리

한 주에 한 사람씩 10분에서 15분 동안 자신이 살아온 이야기를 하는 순서를 갖도록 하라. 그리고 나서 15분 동안 모든 구성원들과 함께 그의 이야기에 대한 짧은 나눔을 가지라. 이것은 각 사람이 어떻게 살아왔는지를 알고자 하는 데 그 목적이 있다. 어떤 사람이 어떤 삶을 살았는지, 또 어떤 중요한 일들이 그의 삶에서 일어났는지를 모르면 그 사람을 이해하기가 어렵다.

● 그룹 성찬식

소그룹에서 구성원들끼리 떡과 포도주를 나누는 데 목적이 있다. 이 시간에 구성원들은 놀라울 정도로 의미 있는 경험을 하게 된다. 한 번에 한 사람씩 서로 다른 구성원을 섬기게 한다. (성찬을 돌리기 전에 미리 누가 누구를 섬길 것인지 정해도 되고 아니면 둥그렇게 돌아가면서 해도 된다.) 서로를 섬기면서 그리스도의 사랑, 특히 그 사람을 향한 그리스도의 사랑에 대한 이야기를 나누라. 끝나면 기도와 찬양으로 모임을 마친다.

● 가장 중요한 세 가지 물건

구성원들에게 그들의 집에 큰불이 난다면 먼저 가족들을 안전하게 구출하는 것을 전제로, 불타고 있는 집에서 건져내야 할 가장 중요한 세 가지 물건은 무엇인지 물으라. 왜 그들이 그 물건들을 선택했는지 이야기하게 하라. 그런 다음 이 물건들의 이면에는 어떤 가치관이 담겨 있으며, 왜 우리가 어떤 물건을 다른 물건들보다 특별히 귀하게 여기게 되는지에 대해 토론하라.

> **TIP**
> "우리는 대화의 기술을 익히는 것이 촌스러운 것으로 변해버린 시대에 살고 있다. 그러나 동시에 누군가와 친밀해지고, 누군가가 나를 알아주고, 누군가로부터 이해받으려는 욕구는 더욱 커지고 있다."
> 제리 존스, 『201 Great Questions』(201가지 위대한 질문들)

● 그룹 사진

이 실습의 목적은 구성원 각자가 그룹의 '사진'을 찍게 하는 데 있다. 다시 말해서, 각 사람이 자신이 보는 그룹의 모습을 그리거나 말로 설명하는 것이다. 예를 들면 그룹은 아래의 장소 중 하나로 설명될 수 있을 것이다.

- 병원 (상처가 치료되는 곳)
- 주유소 (영적으로 충전되는 곳)
- 산성 (고통을 나눌 수 있는 안전한 곳)
- 전쟁터 (그리스도 안에서 되어야 할 사람이 되기 위해 노력하는 곳)
- 산꼭대기 (올바른 시야를 얻고 격려받는 곳)
- 계곡 (낙심과 시험이 있는 곳)
- 카니발 (재미있고, 열정이 있고, 흥분되는 곳)

그룹이 어떤 곳과 어떤 대상이 되어야 하는지, 또는 어떻게 보고 있는지 다양하게 그리거나 설명하게 하라.

● 빈칸 채우기

구성원들에게 '빈칸 채우기' 질문을 하라.

1. 내일 내가 할 일 중에서 가장 당연한 것은 _____
_____

2. 작년 이맘때만 해도 하나님께서 내게 _____
_____ 을 하실 것이라고는 상상도 못했다.

3. 올해 내가 가장 감사하는 사람은 _____이다. 왜냐하면 그 사람이
_____ 때문이다.

4. 하나님의 속성 중에서 내가 특별히 좋아하는 한 가지는
_____

5. 주님께서 지난 해 나의 삶을 풍요롭게 하는 데 사용하셨던 사람들은
_____

6. 나는 주님께서 나에게 특별히 _____에 은사를
   주셔서 그것을 통해 주님과 교회를 섬길 수 있도록 해 주신 것을 감사한다.

7. 전 세계인의 평균적인 생활수준을 생각해 볼 때, 나는 다음과 같은 물질적 축
   복을 받았기에 부자이다 : _____

8. 오늘밤 그룹 구성원들 앞에 서서 외치고 싶은 것이 있다면 바로 이것이다 :
_____

9. 나의 하나님은
_____

● 그룹이 함께하는 예배의 예
1. 찬양 음반을 함께 듣거나 따라 부른다.
2. 인근 공원이나 숲을 걸으면서 하나님의 창조의 능력을 찬양한다.
3. 성경에 나와 있는 하나님의 이름들을 찾아 묵상한다. 왜 그 이름이 중요한지
   말하고 그분의 속성에 대해 하나님께 영광을 돌리는 시간을 잠시 갖자.

4. 하나님이 누구이신지, 예수님이 누구이신지에 초점을 맞추어 좋아하는 시편이나 다른 성경 말씀들을 선택하게 하라. 그 구절들을 소리내어 읽게 하고 잠시 기도 시간을 갖는다.
5. 각자가 하나님께 경배하는 기도문이나 찬송시를 쓴다. 그리고 그것을 그룹에서 나눈다. 이것을 하나님께 드리는 편지로 생각하라.
6. 찬양 콘서트나 교회 공예배에 함께 간다.
7. 구성원들에게 비디오카메라가 있다면, 하나님을 떠올리게 하고 찬양을 돌리게 하는 상황들을 촬영하게 해서 그룹이 함께 보라. 잠시 멈추고 하나님이 어떤 분이신지, 나의 삶 가운데서 무엇을 하고 계신지 묵상하라.

● 그룹이 함께하는 친교 활동의 예
1. 함께 음식을 먹는다.
2. 스포츠를 같이 즐긴다.
3. 함께 수련회를 간다.
4. 공원에 간다.
5. 콘서트에 간다.
6. 호수나 바닷가에서 하루를 같이 보낸다.
7. 크리스마스 때 특별한 곳에 간다.
8. 추수감사절에 함께 호박밭에 간다.
9. 가을 추수 파티를 갖는다.
10. 비디오 한 편을 같이 보며 감상을 나눈다.
11. 팝콘, 아이스크림, 피자 등을 같이 만든다.
12. 함께 할 재미있는 일들에 대해 그룹에서 브레인스토밍 한다.

● 그룹이 함께하는 아웃리치의 예
1. 빈 의자를 채울 사람을 위해 기도한다.

2. 그리스도가 필요한 세계의 여러 지역을 위해 기도한다.
3. 교회에서 파송한 선교사를 위해 기도한다.
4. 도심 빈민층 사역 계획을 짠다.
5. 고아원에 기증할 물자와 선물들을 함께 모은다.
6. 음식을 각자 준비해서 함께 저녁 식사를 하면서 이웃을 초대한다.
7. 스포츠 중계를 함께 관람하는 저녁 파티를 열어 이웃을 초대한다.
8. 구호단체를 통해 한 어린이를 결연하여 재정적으로 후원한다.
9. 안 믿는 친구들을 열린 예배에 초청하기 위한 계획을 세운다.
10. 함께 전도 훈련에 참여한다.

 문제발생 시 해결을 위한 조언

구성원들의 삶을 변화시키는 소그룹을 창조하는 것은 쉽지 않은 일이다. 모든 소그룹들이 어떤 모양으로든 인간관계의 어려움을 겪고 있다. 구성원들이 성장하려면, 그들이 자신의 모습을 있는 그대로 약한 부분까지 노출할 수 있어야 한다. 소그룹을 인도해 본 경험이 있는 사람이라면, 사람들이 정서적으로 투명할 때 문제가 수면 위로 나타난다는 것을 알 것이다. 바로 이 순간에 그룹을 바른 방향으로 인도하는 것이 리더의 할 일이다.

리더가 문제를 해결하려 할 때 지켜야 할 원칙이 두 가지 있다. 첫째로, 해결책은 문제의 장본인이 성장하고 온전해지도록 돕는 것이어야 한다. 둘째로, 해결책은 그룹 전체가 성장하고 온전해지도록 돕는 것이어야 한다.

다음에 제시하는 문제 해결을 위한 제안들은 소그룹 리더들이 모여서 토론하며 모아 본 것이다. 당신의 그룹이 문제 상황에 은혜와 지혜로 대처하는 데 큰 도움이 될 것이다. 기억해야 할 것은 사람이 만든 어떤 해결책도 100% 완벽하게 문제를 해결할 수는 없다는 사실이다. 오직 기도하는 가운데서 주의를 기울이고, 민감하게 살피고, 서로 돌아보며, 다음 제안들의 하나 이상을 실천한다면 당신의 그룹이 맞닥뜨린 장애물을 돌파할 가능성이 클 뿐 아니라, 그것을 넘어서 참된 공동체를 만들어 가게 될 것이다.

문제1 – 지나치게 말이 많은 사람

그룹 안에 절제가 없으면, 처음에는 사소하고 정다운 수다로 시작된 것이 후에는 말의 홍수가 되어 모임을 방해하게 된다. 말이 지나치게 많은 사람은 자신이 나누는 이야기에 대해 부끄러움을 잘 느끼지 않으며 장시간의 침묵을 견디지 못한다. 이런 그들의 행동 이면에는 다른 사람들과의 깊은 친밀함이나 자신을 노출하는 것에 대한 두려움이 숨어 있다. 이런 사람은 모든 사람들의 이야기에 끼어들어서 다른 누군가가 주의를 기울여 개입하지 않으면 모임의 흐름을 방해할 수 있다. 도움이 되는 방법에는 다음과 같은 것들이 있다.

● **그룹의 기본방침을 정하라**
- 말하고 싶은 사람 모두가 말하기 전에는 이미 말한 사람이 다시 말할 수 없게 하라. 말이 많은 사람들은 배우자들이 침묵을 지키며 내성적인 경우가 많다. 그 배우자가 먼저 말할 기회를 가진 후에 말하게 한다. 눌려 있던 배우자들이 보이는 적극적인 반응에 당신도 놀라게 될 것이다.
- 누군가 말하는 도중에는 아무도 말을 끊지 못하게 하라. 아무도 다른 사람이 말하고 있을 때 '방해하지 못하게' 하라.
- 모든 사람이 말할 기회를 갖도록 체계적으로 그룹을 운영하라. 그룹 모임이 익숙하지 않은 구성원들을 민감하게 살펴 도와주는 것을 가장 우선시하라.
- 말이 많은 사람들의 나눔에 대해 고마움을 표하고, 그렇지만 다른 사람들의 이야기도 듣기 원한다고 개인적으로 말하라. 모임 후에 그의 관심사에 대한 이야기들을 더 듣고 싶다고 그룹 앞에서 말하라.

- 모임이 시작될 때 특정 주제는 다른 모든 주제들을 토론한 후에 마지막으로 다루겠다고 동의를 구하라. 특정 주제만 나오면 말을 많이 하는 사람이 있을 경우에 해당된다.
- 창의적인 해결책을 개발할 수 있다. 공이나 다른 물건을 던져서 그것을 손에 잡은 사람만이 말할 수 있게 한다.
- 토론 중에 리더가 개입하여 질문을 다른 사람에게로 조심스럽게 돌리라.

● 말이 많은 사람에게 이야기하는 요령
- 이 사람과 일대일로 만나는 시간을 가지라. 왜 모임에서 대화를 지배하려 하는지 그 숨은 동기를 찾아보라.
- 개인적으로 만났을 때 단호하면서도 다정하게 대하라. 먼저 그가 그룹에 긍정적으로 영향을 끼치고 있는 부분을 인정하고 다른 사람도 마찬가지로 영향을 끼칠 수 있는 기회를 주라고 말하라. 그 사람의 문제에 대면함과 동시에 그 사람의 가치를 재확인하는 기회가 되도록 하라.
- 다른 사람들을 토론에 참여시키도록 도와달라고 말하라. 예를 들면 그 사람이 자신의 말을 마칠 때, "다른 분들은 어떻게 생각하십니까?"라는 말로 맺어 줄 것을 제안하라.

문제2 – 대답을 독점하는 사람

기독교는 오랫동안 성도의 영적인 열매를 평가할 때 그의 지식을 기준으로 삼는 잘못을 범해 왔다. 이것은 성경에서 믿는 자의 열매에 대해 그가 어떤 사람이며 무엇을 행하느냐를 기준으로 삼고 있는 것과 분명한 대조를 이룬다. 이러한 잘못된 해석 때문에 교회가 판단하는 성도의 중요한 덕목에서 행동보다 지식이 더 앞서게 되었다. 이런 면에서 보면 왜 수많은 경건한 소그룹들이 단답식의 성경공부나 쉬운 성구 인용에 만족하며, 토론의 주제와는 상관없는 미미한 신학적 문제로 시간을 소모하는가를 쉽게 이해할 수 있을 것이다.

자신의 지식을 통해 소그룹 모임에서 대답을 독점하려는 사람들은 논쟁을 좋아하며, 자신의 기분이나 말씀에 대한 해석이 다른 구성원을 만나면 포용하려고 하지 않는다. 그리하여 자신의 의견이 받아들여질 때까지 긴 시간을 끌기도 한다. 이러한 사람들은 편안하고 부담 없는 모임 환경을 순식간에 깨뜨릴 수 있다. 다른 구성원들은 그로 인해 주목받지 못하고, 판단받고, 논쟁적인 태도를 접해야 하는 고통을 받게 된다. 바로 이런 대답 독점형 구성원에게 대처하며, 그룹을 제 궤도에 올려놓을 수 있는 유용한 방법들을 제시한다.

● **모임 중 취할 행동**
- 본래의 개념, 질문, 생각으로 다시 돌아가게 하라.
- 나누고 있는 성경 본문이나 주제에 다시 초점을 맞추고, 다른 사람들로부터 많은 의견을 모으라. 그리고 요약하라.
- 친절한 태도로, 토론에 참여할 수 있는 기회를 다른 구성원들에게 돌리라. 즉 "다른 분들은 이 본문을 어떻게 생각하십니까?"라든지 "다른 분들은 어떻게 느끼십니까?"라고 질문하라.
- '항상 정답'을 말한다고 생각하는 사람의 대답에서 옳은 것은 인정해 주라. 그러나 다른 관점의 의견들도 구하라.
- 리더인 당신이 다른 사람들의 의견에 진정으로 공감하는 모습을 보임으로써 그 사람 역시 다른 사람들을 도울 수 있다는 것을 깨닫게 하라.
- 침묵의 중요성을 상기시키라.
- 누가 옳고 그른가에 대한 논쟁을 피하라.
- 모임 전에 '판에 박힌 듯한' 대답이나 너무 간단한 대답이 다른 구성원들에게 어떤 느낌을 줄 수 있는지 말하고 그룹 전체가 이 문제에 유의하도록 하라. 이러한 기본 규칙을 정한 후에는 담대하게 구성원들에게 이것을 지킬 것을 요청하라.

― 그룹이 함께 기도하게 하라.

● 대답을 독점하는 이에게 말하는 요령
― 문제가 계속될 경우 그룹 밖에서 개인적으로 만나 대화하라. 그가 나누는 방법이 그룹에 어떤 영향을 끼치는지 설명해 주라. 사랑 안에서 진실을 말하라.
― 그가 가지고 있는 지식을 인정해 주라. 그러나 그 지식이 어떤 상황에서는 필요하지 않을 수도 있다는 것을 알려 주라.
― 다른 사람들의 커뮤니케이션을 판단하거나 즉석에서 수정하지 말고 존중해 주어야 한다는 것을 말하라.
― 둔감한 사람이라면 생각보다 느낌을 나눌 것을 요청하라.
― 토론을 요약하거나 요점을 다른 말로 표현해 달라고 요청하라.
― 왜 그들이 "나는 안다"는 자세를 보이는지, 그 이면의 문제를 개인적으로 찾아보라.

문제3 ― 자기 생각이 강한 사람

우리 모두는 때때로 우리 삶의 한 부분을 비정상적으로 통제하고 싶어 하게 된다. 그래서 때로는 그룹이 우리의 죄성이 펼쳐지는 장이 된다. 어떤 사람들은 소그룹 안에서 인정받는 데 집착하고, 또 어떤 사람들은 특별한 이유 없이 그룹을 자신들이 좋아하는 쪽으로 뜯어고치려고 한다.

이런 주장이 강한 사람은 말투의 특징이 있다. 그들은 말할 때 "예, 그런데 말이죠…" 또는 "음, 내 생각에는…"이라는 표현을 자주 사용한다. 그룹 활동의 진행 과정에 대해 비판적이며 그룹 전체가 거쳐야 하는 과정에도 불만스러워 한다. 이런 사람들에 대처하는 데 필요한 다음 조언을 참고하라.

● 함께 모였을 때 그룹의 언약을 재확인하라

- 재확인하고, 다시 제시하고, 다시 확립하고, 도전하고, 재정의하라. 어떤 방법으로든지 그룹 참여에 대해서 합의된 사항을 모든 사람에게 상기시키라.
- 모임의 목적과 가치를 확실히 하기 위해 모든 구성원과 함께 이 기준에 대해 이야기하라.

● 자기 주장이 강한 사람과 말하는 요령
- 개인적으로 그 사람과 대면하여 그의 이면에 숨어 있는 문제들을 분별해 보라.
- 그룹의 문제를 풀면서도 그룹에서 이미 설정한 경계를 넘어서지 않는 긍정적인 해결책을 다른 구성원들과 함께 찾아낼 것을 제안하라.

문제4 – 피상적인 토론

관계 형성 초기에는 구성원들이 감정보다는 상황에 대해 이야기하게 된다. 이 단계에서는 감정을 토로하는 모험을 감행하지 않기 때문에 정서적인 교감이 거의 일어나지 않는다. 그러나 이런 피상적인 대화가 오가는 것이 정상적인 시기이므로 크게 신경 쓸 필요는 없다.

그러나 어떤 그룹은 여러 번의 모임 후에도 피상성이라는 두꺼운 얼음을 깨지 못하고, 깊이 있는 모임으로 나아가지 못한다. 이것은 때로 리더가 방향 설정을 잘못한 데서 오기도 하고, 구성원 중에 구성원들의 유대를 방해하는 사람이 있을 수도 있다. 이유를 불문하고, 얼어붙은 그룹의 분위기를 쇄신할 수 있는 몇 가지 방안이 있다.

피상적인 의사소통은 리더가 너무 빨리 깊은 관계로 몰아가려고 한 데에서 기인한 문제일 수도 있다. 그러므로 그룹에서 한 걸음 떨어져서 혹시 그렇지는 않은지 자신의 자세를 점검해 보라. 그것이 사실이라면 리더인 당신의 잘못을 시인하고 속도를 조금 늦춰서 현실적으로 그룹을 인도하라. 이런 식으로 리더가 자신을 겸손히 낮추는 것은 연약함을 정직하게 드러내는 좋은 본이 될 수 있다. 리더의 이런 행동은 결코 구성원들의 관계에 해를 주지 않는다. 리더의 열린 자세는 그룹을 하나로 모아 주고, 참여한 사람들이 앞으로 함께 성장할 수 있도록 묶어 주는 계기가 된다.

- ● 질문을 개발하라
- −열린 모임이 되기 위한 가장 좋은 방법은 리더가 본을 보이는 것이다. '리더의 속도가 팀의 속도'라는 말은 소그룹에 꼭 맞는 말이다. 리더가 먼저 다른 사람들이 나누기 원하는 만큼 깊게 그리고 열린 마음이 되어 나누는 것이 원칙일 것이다.
- −구체적인 적용과 질문을 준비하고 과감하게 그룹에 도전하라.
- −의견이나 사실을 묻는 질문보다는 감정을 묻는 질문을 하라.
- −필요하다면, 지시적으로 모임을 진행하라. 때로는 다양한 답이 나올 수 있는 열린 질문보다는 특정한 답이 나올 수 있는 닫힌 질문을 던져 보라.
- −질문을 다른 말로 다시 표현해 주라. 그룹 내에 침묵이 흐른다면 질문이 명확하지 않았기 때문일 수도 있다. (대답을 주저한다기보다는 생각 중일 때에도 침묵할 수 있다.)

- ● 부담 없는 분위기를 형성하라
- −모임 시작 직후에 비밀 보장 지침을 다시 한 번 말해 주라.
- −그룹이 너무 크면 하위 그룹들로 나누라.
- −모임 후에 구성원들과 연락하여, 어떻게 하면 모임 중에 질문에 더 쉽게 대답할 수 있었을지 물어 보라.

후속관리

 사역 피드백 얻기

모든 피드백과 평가의 목적은 당신의 사역의 효과를 증진시키는 데 있다. 다른 사람들로부터 당신의 리더십과 당신의 그룹에 대한 피드백을 수집하는 것은 강점을 세워 나가고 약점이 있다면 보강하려는 것이다.

윌로크릭이 개발한 세 가지 양식을 활용하여 그룹을 평가해 본다면 소그룹 사역을 발전시키는 데 도움이 될 것이다. (우리는 예를 제시할 뿐이며, 당신의 필요에 따라 직접 만들어 볼 수 있을 것이다. 효과적인 사역을 하는 데 꼭 많은 양식이 필요한 것은 아니지만 그룹의 사역 과정을 평가하고 기록하는 데 도움이 된다.)

사역 보고서

양 식	목 적	필수/선택	작성자	빈 도
모임 보고서	활동, 견습 리더 계발, 스케줄 관리, 기도제목 및 축하할 일 관리	필수	견습 리더, 리더	월 1회
리더십 평가서	리더의 강점을 살리고 필요한 부분을 보강	선택	견습 리더나 구성원들, 혹은 코치	원하는 대로 (적어도 연 2회)
그룹 성장 평가서	그룹의 성장과 성숙에 대해 그룹 전체가 토론	선택	리더와 그룹이 함께	6개월마다 1회

모임 보고서

리더: 년   월   일
견습 리더1:   코치:
견습 리더2:   부서 리더/사역 디렉터:

리더들은 이 양식을 매월 작성하여 한 부는 소지하고, 한 부는 코치나 사역 디렉터에게 제출해 주십시오.

출석 상황	첫 번째 모임	두 번째 모임	세 번째 모임	네 번째 모임	총계
총 참석 인원					
초신자					
처음 참석자					
방문자(코치, 부서 리더, 구성원의 친구들)					
결석자	평균 명	평균 명	평균 명	평균 명	평균 명

지난달에 그룹을 떠난 사람이 있는가?   ☐ 예   ☐ 아니오
"예"일 경우 아래에 이름과 떠나게 된 이유를 기입하십시오.

이름: 떠난 이유:

활동 요약 : 그룹 안에서 혹은 그룹 밖에서의 활동과 일대일 사역을 포함한 이 달의 활동 내역을 간단히 기록하십시오.

향후 계획 : 다음 달에 예정된 활동 계획은? 견습 리더를 훈련하기 위해 무엇을 하고 있습니까? 또 다른 견습 리더 후보를 찾고 있습니까?

기타 : 특별히 축하할 일은? 특별한 문제, 기도제목, 질문이 있습니까? (유의사항 : 긴급한 문제나 기도제목은 코치나 부서 리더에게 전달하십시오.)

리더십 평가서 1

작성자 :

이 평가서는 격려를 위해 사용하려는 것이며, 비난이나 판단을 위한 것이 아닙니다.

모임에서의 리더십

1. 리더의 의사전달 형태는 어떠한가?
   해당 지점에 ×표 하라.

   완전한 강의식 ^{10} |————————0————————| ^{10} 완전한 토론식

   리더에게 바라는 위치에 O표 하라.

2. 리더가 모임의 흐름을 어떻게 조절하는가?
   해당 지점에 ×표 하라.

   독재적/통제적 ^{10} |————————0————————| ^{10} 협동적/여유

   리더에게 바라는 위치에 O표 하라.

3. 구성원들의 전반적인 토론 참여도는 어떠한가?
   해당 지점에 ×표 하라.

   목소리 큰 소수만 참여 ^{10} |————————0————————| ^{10} 균형 잡힌 참여

   구성원들의 균형 잡힌 참여를 위해 리더가 할 수 있는 일이 있었다면?

4. 리더가 모임의 다른 요소들은 어떻게 진행하고 있는가?
   • 정시에 시작
   • 숙제 검사
   • 성경 본문에 대한 설명이나 가르침
   • 토론 진행
   • 개인적 적용 돕기
   • 정시에 끝냄

리더십 평가서 2

1. 정기 모임 외에 리더와 함께한 경험 중에 나에게 특히 귀중했던 것은?

2. 리더의 삶에서 내가 본받고 싶은 경건한 모습은?

3. 나의 성장을 위하여 리더에게 정기모임 외에 부탁하고 싶은 것은? (구체적으로)

4. 다음 항목들에 대해 리더를 평가한다면?
   - 모임 시간 외에 시간을 잘 내 주는가?
   - 다가가기 쉬운가? 관심을 가져 주는가?
   - 책임감이 있는가? 필요할 때에는 단호한가?
   - 민감하며 긍휼의 마음을 가졌는가?

5. 그 외에 리더에게 해 주고 싶은 다른 피드백은?

6. 해결되지 않았거나 주의를 기울여야 할 문제들이 있는가?

7. 리더에게 인정해 주고 싶은 것은? 즉 소그룹에서 경험한 것 중 어떤 면이 특별히 나에게 의미가 있었는가?

8. 리더를 위해 무엇을 기도하겠는가?

그룹 성장 평가서

날짜 :   리더 :

우리 그룹은 어떠한가? 각 분야에 해당하는 지수를 빈칸에 넣으라.

평가 지수
        3= 잘되고 있음.
        2= 바른 방향으로 성장하고 있으나, 개선되어야 할 부분이 있음.
        1= 도움이 필요함.

영적 성숙   ___ 구성원들이 스스로를 영적으로 계발하며 하나님과의 관계에서 발전하고 있다. 교회 일에도 영적 은사와 물질적 자원을 사용하여 참여하고 있다.

관계의 성장   ___ 구성원들이 모임과 모임 외의 시간에 적극적으로 친밀한 관계를 형성하고 있다.

신뢰도   ___ 모든 구성원이 자신의 생각과 감정을 솔직하고 투명하게 나누는 안전한 장소이다.

즐거움   ___ 모임이 살아 있고 힘이 있다. 구성원들이 모임을 기다리며, 모임이 일주일의 하이라이트 중 하나라고 늘 말한다.

외부인 환영도 ___ 구성원들이 교회에 다니지 않는 사람들을 초청한다. 빈 의자를 잘 활용하고 있으며, 24회 모임을 가지면 최소한 2명 이상의 새로운 구성원을 데려온다.

재생산 준비   ___ 현재 그룹에서 새 그룹을 탄생시켜야 한다는 책임감을 갖고 있으며, 견습 리더를 계발하여 건강한 2세 그룹을 낳을 만반의 준비를 하고 있다.

자료

모임 진행에 관해 자주 묻는 질문들

Q__부담 없는 모임이 되려면 모임 시간이 어느 정도가 적당한가?
A__그룹 전체가 참여할 수 있을 정도로 길어야 하며, 다음 모임에 다시 오고 싶은 마음이 들 정도로 짧아야 한다. 모임을 완벽하게 이끌어 완성해야 한다는 부담은 갖지 말라. 구성원들이 대답을 시원하게 못 듣고 가는 질문들도 있어야 한다. 그러면 그들은 며칠 동안 그 질문에 대해 고민하게 될 것이다.

Q__모임을 갖기에 가장 좋은 장소는?
A__목적에 따라 다르다. 스스로 질문해 보라. "기억에 남을 만하고 모임의 목적에 맞는 장소는 어디일까?" 다양한 장소를 선택하면 그룹에 신선함을 준다. 모임 장소를 종종 바꾸면 주의집중이나 참여도 또는 마음을 여는 정도가 달라진다.

참고도서

『소그룹 인도법』, 닐 F. 맥브라이드, 네비게이토

특히 제7장에서 그룹을 인도하는 모든 리더에게 유용할 만한 정보와 중요한 질문들을 수록하고 있다. 본서와 똑같은 방법으로 리더십을 평가하고 있지는 않지만 많은 생각을 해 볼 수 있는 기회가 될 것이다.

『소그룹 리더 핸드북』, IVP자료개발부, IVP

제12장은 그룹 활동과 아이디어 면에서 탁월하다.

제6부

소그룹 목양

일단 모임을 갖고, 관계를 개발하고, 공동체를 형성하기 시작하면, 두 가지 영역에서 도움이 필요할 것이다. 그것은 사람들이 고군분투할 때 돌보며 지원하는 것과 영적 성장에 대한 지침을 제공하는 것이다. 그것이 목양이다. 즉 사람들에게 반응하며 그들을 돌보고, 세심하게 훈련하는 것이다.

제6부에서는 목양 계획서 및 그것의 사용 방법을 배우게 될 것이다. 그 다음에는 격려자, 돌보는 자로서의 리더의 역할에 초점을 맞출 것이며, 이때 주의해야 할 점은 그룹 안에 서로가 돌아보는 환경을 조성함으로써 리더 혼자서만 짐을 다 지지 않게 한다는 것이다. 그 다음에는 그룹이 자체적으로 감당할 수 없는 사람들의 필요를 채우기 위한 몇 가지 조언을 제시할 것이다. 사람들이 온전히 헌신하도록 훈련하는 한편, 그들이 고투와 도전을 겪게 될 때 쉴 수 있는 사랑의 공동체를 세우는 것. 이 두 가지야말로 소그룹 사역에서 가장 보람찬 과정일 것이다. 당신의 그룹은 당신과 함께했던 순간을 오랫동안 기억할 것이다.

제자 삼기

그룹 안에서의 제자훈련

일각에서는 제자훈련은 일대일로 하는 것이라고 주장하기도 한다. 그러나 신약성경을 보면 제자는 항상 그룹 안에서 양육된다는 사실을 알 수 있다. 예수께서 12사도 중 3명 이하의 제자들과 만난 기록은 거의 찾아보기 힘들다. '그룹 내에서' 일대일 제자 양육을 하게 되면 훈련생이 어느 한 개인의 복제품이 되는 것을 방지할 수 있다. 뿐만 아니라 그룹 내에서의 훈련은 많은 형제자매들의 가르침과 멘토링, 사랑, 격려, 권면, 은사로 말미암아 도움을 받고 성장할 수 있게 해 준다.

그렇다면 일대일 양육은 언제 필요한가? 예수님과 베드로, 바울과 디모데, 바울과 실라 등을 보면, 이런 관계는 리더십 계발을 위한 것이며 기본적인 제자훈련을 위한 것이 아니었다. 가능성을 가진 리더를 훈련하는 일에 시간을 투자하는 것은 값진 일이다. 그러나 제자훈련은 그룹을 중심으로 이루어져야 한다. 그룹과 팀 안에서, 또 그룹과 팀을 통해서 훈련하는 것이 신약성경의 모범(막 3:14; 마 10:5~42; 행 13:2, 16:1~5)을 따르는 것이며, 서로 돕고 사역하고 점검해 주고 훈련하는 데에도 도움이 된다.

영적 성장 촉진하기

영적 성장이란 시간과 자원하는 마음을 필요로 하는 과정이다. 이것은 성령의 사역, 말씀에 대한 순종, 그리스도와의 친밀함, 경험(특별히 역경), 공동체 안의 상호 점검해 주는 관계의 결과이다. 그룹 리더의 역할은 영적 성장을 촉진시키는 환경을 조성하는 것이며, 리더가 직접적인 성장의 근원이 되지는 않는다. 이것이 바로 그룹에서 성경 말씀을 나누고, 기도를 가르치며, 성령의 역할을 이해시키고, 지체들 안에서 진실하고 영원한 관계를 이루게 하는 것이 그토록 중요한 이유이다.

구성원들의 영적 성장을 촉진하는 좋은 방법 중 하나는 '5G'로 그룹의 성장을 측정하는 것이다. 앞서 언급한 대로 '5G'(은혜 : Grace, 성장 : Growth, 그룹 : Group, 은사 : Gifts, 선한 청지기의 삶 : Good Stewardship)는 제자훈련 과정을 반영한다.

다음에 나오는 목양 계획서는 이 '5G'를 사용하여 그리스도 안에서 그룹을 성장시키기 위해 개발된 것이다. 성경 말씀을 연구하며 계획서의 질문에 답해 본다면 제자 양육의 좋은 도구가 될 것이다. 또한 매 사분기마다 한 번씩 사용한다면 그룹의 영적 성장 전략을 개발하는 데 도움이 될 것이다. 구성원들을 일대일로 만나 그의 영적 성장을 위해 관심을 기울여야 할 영역들(성경공부, 기도, 인간관계, 과거의 상처, 섬김, 선한 청지기의 삶)에서 성장이 필요한 영역을 찾아내도록 도우라. 그런 다음 그룹이 각 단계를 지나는 동안 이 계획서를 이용해서 그들을 후속 관리 하라.

목양 계획서

리더 :   분기 : 1 2 3 4

		그룹 성장 계획	
		질문	분기별 계획
	은혜(Grace) 구원의 은혜를 경험하고 세상에 전하도록 전파한다(고후 5:18, 19).	• 누구의 구원을 위해 기도할 것인가? • 구원의 은혜를 가족, 친구, 동료, 이웃, 세상에 전하도록 어떻게 서로 격려하고 무장시킬 것인가? • 어떻게 팀으로 전도할 것인가?	
	성장(Growth) 그리스도를 닮아 가는 일에서 성장한다(히 10:24, 25).	• 그룹 안에 그리스도의 형상을 이루기 위해 어떤 훈련, 경험, 인간관계가 필요한가? • 서로 안에 그리스도의 형상이 이루어지도록 무엇을 공부할 것인가? • 모든 구성원들이 진정으로 예배하게 하기 위해 어떻게 해야 하는가?	
	그룹(Group) 진실한 사랑의 공동체 안에서 서로 양육한다(갈 6:2).	• 어떻게 하면 서로 더 사랑하고 돌보고 그리스도의 몸을 이룰 수 있는가? • 어떻게 하면 좀더 진실하고, 자신의 연약함을 드러내고, 서로를 받아들일 수 있는가? • 우리의 사랑의 공동체를 다른 이들에게 전하며 배가시키기 위한 다음 단계는 무엇인가?	
	은사(Gifts) 그리스도의 몸 된 교회를 은사들을 발견하고, 개발하고, 배치한다(롬 12:6~8).	• 어떻게 하면 그리스도의 몸을 함께 섬길 수 있는가? • 서로의 은사를 계발하고 사용하도록 어떻게 도울 수 있는가? • 교역의 사역을 그룹이 어떻게 도울 것인가?	
	선한 청지기의 삶(Good Stewardship) 우리의 교회, 지역사회, 나라, 세계를 위한 하나님의 구속적 목적을 위해 우리의 시간과 물질의 청지기가 된다(마 25:40).	• 어떻게 하면 더 좋은 청지기가 되도록 서로 격려할 수 있는가? • 우리 그룹이 어떻게 국내 혹은 해외에 구제 또는 선교 사역을 할 수 있는가? • 우리가 나눌 수 있는 고유한 개인적, 영적, 물질적 자원은 무엇인가?	

> **TIP**
> "우리는 그리스도인으로서 어떤 상황에서라도 우리의 언어가 끼칠 수 있는 영향력을 깨닫고 다른 사람의 필요를 채우는 언어만을 선택하여 사용해야 할 책임이 있다."
>
> 래리 크랩, 『Encouragement』(격려)

목양 계획서 활용법

1_관계를 형성하라. 사람들을 계발하는 첫 단계는 그들을 알아 가는 것이다. 예수님께서는 먼저 열둘을 택하셔서 자신과 함께 있게 하셨고(막 3:14) 그 다음에 그들을 파송하셔서 사역하게 하셨다. 리더가 모든 구성원들에게 일대일로 사역하지는 못할 것이다. 몇 달 동안 모임을 가진 후에 준비가 되어 있고 열의 있는 몇 사람들을 파악할 수 있을 것이다.

−찾을 사람은:
- 토론에 열의를 보인다.
- 리더와 함께 있을 시간을 기꺼이 내려 한다.
- 그룹을 중요하게 생각한다.
- 스스로 변화하고 성장하려고 노력한다.

그들과 관계를 형성해 가면서 그들의 사랑의 언어를 파악하라. (개리 채프만의 『다섯 가지 사랑의 언어』 인용)
 −칭찬
 −적절한 스킨십
 −선물
 −섬김의 행동

- 함께 보내는 시간

리더는 모든 구성원과 원하는 만큼 만날 수 있다. 한 달에 2회가 평균적으로 바람직하지만, 사람과 상황에 따라 다르다. 모임 외의 시간에 당신의 집에서 사람들과 식사를 하며 만나라. 사람들을 데리고 함께 작업을 하거나 교회 예배 시간 전후에 만나라.

2_필요를 파악하라. 구성원들과 만나기 시작하면서, 그들을 훈련하거나 돌보는 측면에서 그들에게 어떤 필요가 있는지 파악하라. 앞으로 1년 후에 그들이 생각하는 자신의 모습은 무엇인지 질문하라. 그들의 가족, 인간관계, 일에 대해 나누라. 그들을 사랑하고, 하나님께서 원래 의도하신 그들의 모습을 사랑하기 시작하라. 그들의 고유한 소명과 은사들을 인정하라. 그들이 가진 성장의 목표에 관한 질문들을 하라.
- 그들이 갖기 원하는 정서, 기술, 태도는 어떤 것인가?
- 고통이나 두려움을 갖고 있는 부분은 어디인가?
- 그들의 소망과 바람은 무엇인가?
- 그들이 읽고 있는 책은 무엇인가?
- 그들이 새로운 것을 배우는 방법은 무엇인가? (독서, 관찰, 경험)
- 그들에게 즐거움을 주는 취미는 무엇인가?

3_계획을 세우라. 이제 모임을 가질 수 있고 그들의 성장을 어떻게 도울지 계획할 수 있다. 영적 성장을 촉진하기 위한 목표, 실습, 경험 등을 결정하라. 그룹이 함께 할 만한 활동 몇 가지를 정하라. 그룹의 현재 위치와 나아갈 방향을 평가하고 점검할 시간과 장소를 정하라.

목양 계획서를 효과적으로 사용할 수 있는 방법이 있다. 계획서의 오른쪽 끝에

'5G'의 다섯 가지 분야에 대한 가능한 실행 목록을 쓴다. 한두 가지 영역에 초점을 맞추고 그 영역들에서 두세 달 후에 그 사람이 어떤 모습이 되기 원하는지 기록한다. 그 다음에 그들이 거기 도달할 수 있도록 도울 도구와 자료들을 제시한다.

 목양 계획서 활용에 대한 제안과 설명

- 이 계획서는 윌로크릭의 '5G'에 맞추었으므로 각 교회의 전략 및 용어와 다를 수 있다. 핵심개념과 질문을 각 상황에 맞게 자유롭게 편집하기 바란다.
- 각 사람에게서 다섯 가지 영역을 다 완성하려 하지 말라. 보통, 한 번에 한두 가지 영역을 계획할 수 있다. 작은 일부터 시작하여 성취감을 얻으며 사역하라.
- 구성원들은 이런 대화를 나누다 보면 처음에는 자신의 치부를 그대로 드러내야 하는 것처럼 느껴 어색해 할 수 있다. 자신의 영적 성장에 대한 이런 질문들을 받아 본 사람이 많지 않다는 사실을 기억하라.
- 이 계획서는 사분기마다 한 번씩 그룹을 전체적으로 평가하기 위한 것이다. 개별적으로 측정되어야 하지만 리더가 모든 사람을 일대일로 다 만나야 하는 것은 아니다. 견습 리더가 할 수도 있고, 구성원들이 짝을 지어 서로 평가할 수도 있다.
- 계획서에 결과를 기록하는 것보다 더 중요한 것은 이것을 작성하는 과정이다. 목표는 구성원들에게 자신을 점검할 수 있는 기회를 주고 성령의 역사에 순복하게 하는 것이다.
- 사람들은 각기 다른 속도로 성장하고 각기 다른 방법으로 배운다. 이 계획서도 모든 사람에게 똑같은 방식으로 사용할 수는 없을 것이다.
- 목양에는 기도가 필수적이다. 리더는 자기 생각을 가지고 구성원의 삶에 접근하는 것이 아니라, 하나님의 마음과 지혜로 접근해야 한다. 그들을 위해 중보하고 그들과 함께 기도할 때 관계가 깊어진다.

- 구성원들의 성장에 대한 책임은 구성원 자신에게 있으며, 리더인 당신에게 있지 않다는 것을 기억하라. 당신이 할 일은 질문을 하고, 다음 단계에 대한 제안을 하고, 필요한 자료와 사람들을 연결시켜 주는 것이다.
- 상담가가 되려 하지 말고, 사람들을 고치려고 하지 말라. 오직 하나님만이 그렇게 하시도록 물러서 있으라.
- 견습 리더가 있다면 계획서를 작성하는 과정을 함께 해 보라. 당신이 하는 것을 보면서 견습 리더는 성장에 대한 질문을 하는 방법을 배우게 될 것이다.
- 마지막으로, 구성원들에게 칭찬해 주고 격려해 줄 부분을 항상 찾으라. 특히 그들이 성장에 대한 자신들의 기대에 못 미치고 있다고 느끼고 있을 때 더욱 그러하라.

 구성원들을 격려하기

격려는 나의 사랑이 지체의 두려움과 만날 때 이루어지는 것이다. 우리 모두는 삶에 대해 두려움과 실망, 혼돈을 느끼게 된다. 한 지체가 아픔을 당할 때 그에게 진정한 사랑을 나타낸다면 그것이 곧 격려이다. 잠언 18장 21절은 죽고 사는 것이 혀의 권세에 달려 있다고 가르치고 있다. 격려하는 말은 생명을 가져오고 치욕스러운 말이나 비난하는 말은 죽음을 가져온다. 리더의 역할은 감정적으로 죽음의 독침에 맞아 아파하고 있는 사람들에게 생명의 말씀을 전하는 것이다. 에베소서 4장 29절의 바울 사도의 가르침을 들으라. "무릇 더러운 말은 너희 입 밖에도 내지 말고 오직 덕을 세우는 데 소용되는 대로 선한 말을 하여 듣는 자들에게 은혜를 끼치게 하라." 격려는 공동체를 세우는 건축가이다.

격려하는 소그룹 리더가 되는 비결

1. 말하기를 더디 하라(잠 12:18, 13:3; 약 1:19). 지체들을 격려하는 좋은 방법은 그들이 말할 때 관심 있는 태도로 들어주는 것이다. 그들의 문제를 해결해 주려 하지 말고, 쉽게 말하지 말며, 틀에 박힌 정답을 말하지 말라. 그저 들어주라.

2. 세심하게 반응하라. 성경은 우리의 말이 소금으로 고르게 하듯 해야 한다고 말한다. 우리의 말은 은혜로 가득 차 있어야 한다(엡 4:29). 그리고 은혜와 진리로 오신 예수님의 말씀을 닮아야 한다(요 1:14).

3. 친절하게 말하라. 온유한 말은 상처를 싸매 주며 부드럽게 한다. 진리는 총을 쏘는 것처럼 날카롭게 들려야만 하는 것은 아니다. 온유함으로 진리를 말할 때 사람들은 듣고 순종하게 된다.

격려할 때 피해야 할 태도

1. 방어적 태도: 자신을 합리화하려고 하지 말라. 그저 듣고 그들의 말을 확실하고 분명하게 이해하라.
2. 비꼬거나 비난하는 태도: 종종 지나친 농담으로 맞받아치게 될 때가 있다. 사람들은 말로 쉽게 상처를 입는다는 것을 기억하라(잠 15:4).
3. 고쳐 주려는 태도: 사람들에게 그들의 생각이 잘못되었고 부정확하다고 말하거나 "그렇게 받아들이지 마세요"라고 말하지 말라. 중요한 것은 그들이 그렇게 느끼고 있다는 것이며, 따라서 주의해서 듣고 그들이 왜 이렇게 느끼고 있는지 파악하라.
4. 조언하려는 태도: 문제에 대해 끝까지 상세히 파악한 다음에 답하라. 너무 서둘러 대답하지 말라. 성급한 조언은 건방지게 보일 수 있으며, 대화를 쉽게 막아버릴 수가 있다. 급한 조언은 종종 진짜 문제를 보지 못하게 만든다.

제대로 격려하려면 먼저 들을 줄 알아야 한다. 적극적인 경청이 필요하다. 이것은 다른 사람들의 이야기에 전적으로 동감하며 그들의 아픔과 좌절에 동참하는 것을 의미한다. 주의해서 들을 때 비로소 격려와 위로 그리고 희망의 말을 구성원들에게 해 줄 수 있다. 기억할 것은 성경은 권면과 위로 그리고 서로 격려하는 말로 꽉 차 있다는 사실이다. 아래의 신약성경에 나타나 있는 "서로"가 들어 있는 구절들에는 하나님의 백성들이 서로를 깊이 돌아보기를 원하시는 하나님의 마음과 열망이 담겨 있다. 이 말씀들을 공부하고 어떻게 그룹 활동에 적용할 수 있을지 생각해 보라.

신약성경에서 "서로"가 들어 있는 구절들

- 서로 화목하라(막 9 : 50).
- 서로 사랑하라(요 13 : 34).
- 서로 우애하라(롬 12 : 10).
- 서로 존경하라(롬 12 : 10).
- 서로 마음을 같이하라(롬 12 : 16).
- 서로 판단하지 말라(롬 14 : 13).
- 서로 받으라(롬 15 : 7).
- 서로 권하라(롬 15 : 14).
- 서로 문안하라(롬 16 : 16).
- 서로 섬기라(갈 5 : 13).
- 서로 짐을 지라(갈 6 : 2).
- 오래 참음으로 사랑 안에서 서로 용납하라(엡 4 : 2).
- 서로 인자하게 대하며 불쌍히 여기라(엡 4 : 32).
- 서로 용서하라(엡 4 : 32).

- 시와 찬미와 신령한 노래로 서로 화답하라(엡 5:19).
- 그리스도를 경외함으로 피차 복종하라(엡 5:21).
- 오직 겸손함으로 다른 사람을 나보다 낫게 여기라(빌 2:3).
- 피차 가르치라(골 3:16).
- 피차 권면하라(골 3:16).
- 서로 격려하라(살전 4:18).
- 서로 덕을 세우라(살전 5:11).
- 사랑과 선행으로 서로 격려하라(히 10:24).
- 서로 비방하지 말라(약 4:11).
- 서로 원망하지 말라(약 5:9).
- 서로 죄를 고하라(약 5:16).
- 서로 기도하라(약 5:16).
- 서로 겸손으로 허리를 동이라(벧전 5:5).

 **목양**

목양은 목자의 역할 중 한 부분이다. 하나님께서는 자신을 양 무리에게 주셨듯이 우리도 우리의 양 무리를 돌보기를 기대하신다. 에스겔 34장 1~16절을 보면 하나님께서는 이스라엘의 목자들이 양 무리를 합당하게 돌아보지 않는 것에 대해 책망하고 계신다. 성경에서는 하나님께서 목자들이 아래의 일들을 할 것을 바라신다고 말한다.

- 양 무리를 먹임.
- 양 무리를 쉴 만한 곳으로 인도함.
- 잃어버린 자들을 찾음.

- 흩어진 자들을 다시 데려옴.
- 상처 입은 자들을 치료해 줌.
- 병든 자들을 강하게 함.

목자가 되는 것은 엄청난 책임이다. 이런 이유로 리더가 돌볼 수 있는 돌봄의 범위를 지켜야 하는 것이다. 역량에 넘치도록 많은 사람을 돌보게 되면 결국은 지치게 된다. 당신은 목자로서 사람들을 얼마나 돌보며 얼마나 자주 돌보는가? 목양에는 세 가지 기본적인 단계가 있다. 기본 목양, 구성원끼리의 목양, 그리고 지원 목양이 그것이다. 위기나 긴급 상황에 처한 지체를 돕는 것에 대해서는 나중에 다시 이야기하게 될 것이다.

기본 목양

기본 목양은 소그룹 리더가 구성원들에게 제공하는 기본적인 관심과 후원을 말한다. 두 개 이상의 그룹에 속한 사람도 있을 것이다. 그런 경우에는 그 사람이 어디서 기본적인 목양을 받기 원하는지 물어 보라. 이 부분은 기도 후원, 전화 심방, 환자 심방 및 필요한 자원을 찾아 주는 일까지 포함하게 된다.

구성원끼리의 목양

이것은 그룹 안에서 구성원들이 서로를 돌아보는 것을 말한다. 소그룹 리더가 모든 구성원들을 혼자 돌본다는 것은 가능하지도 않고 기대할 수도 없는 일이다. 서로 혹은 피차 돌아보는 것은 소그룹의 목표 중의 하나이다. 이런 목양은 지체 중에 누군가 아이를 낳았을 때 음식을 해다 준다든지, 병원에 입원했을 때 심방을 간다든지, 기도와 구체적인 도움이 필요할 때 기도하고 도와주는 것을 포함한다. 이런 목양은 갈라디아서 6장 2절의 명령을 준행하는 일이다. "너희가 짐을 서로 지라 그리하여 그리스도의 법을 성취하라."

지원 목양

리더에게 지원 목양을 해 줘야 할 사람은 코치이다. 코치가 시간이 없어 돌봐 주기 어렵다면 부서 리더나 다른 교회 리더와 접촉하라. 이들과 함께 당신이 리더로서 당면한 사역의 필요를 채우기 위한 전략을 세우라. 교역자에게서 지침을 구할 수도 있다.

위기관리

 위기를 만났을 때의 목양

때때로 소그룹 안에 긴급한 일이나 위기가 발생할 수 있다. 이런 위기 상황이 닥치면 구성원들은 리더인 당신을 바라볼 것이다.

위기를 관리하는 법

도움과 지도가 필요한 심각한 상황(구성원들이 이단에 심각하게 빠지는 등)이 발생했다면 위기의 심각성을 판단하고 도움을 얻기 위해 코치나 교회와 연락하라. 가장 먼저 연락해야 할 사람은 코치임을 잊지 말라. 코치와 연락이 안 된다면, 담당 부서 리더나 다른 부서 리더와 연락하라.

지원하되 상담하지 않는다

모든 구성원들은 소그룹 리더로부터 필요한 모든 지원과 격려를 받게 될 거라고 기대하게 된다. 그러나 당신은 전문 상담가가 아니기 때문에 상담의 역할을 떠맡아서는 안 된다. 대신에 구성원들이 합당한 목양을 받을 수 있는 자리를 마련해 주어야 할 것이다. 다음과 같은 경우에는 전문 상담자가 필요하다.
 -심각한 결혼 문제
 -과거에 학대의 경험이 있는 경우
 -중독
 -심각한 성격 결함
 -정신 질환이나 장애

위에 열거된 문제와 유사한 상황을 만났을 때에는 코치에게 연락하고 필요한 조치를 취하라. 코치와 함께 그 구성원이 상담이나 다른 형태의 도움을 받을 수 있는 자리를 마련하라. 다른 리더에게 먼저 이 사람의 이름을 거론하는 일이 없도록 하라. 그 사람이 비밀을 보장받을 권리를 침해해선 안 된다.

당신이 생각하기에 상담이 필요한 구성원이라고 하더라도 당사자가 상담을 꺼릴 수도 있다. 코치나 교회의 다른 리더들과 상의해서, 어떻게 하면 그 사람에게 상담이나 다른 도움을 잘 제안할 수 있을지 결정하라.

자료

 그룹 목양에 대해 자주 묻는 질문들

Q__그룹의 필요들을 채우는 데 리더로서 역부족이라고 느껴질 때에는 어떻게 해야 하나?

A__리더들은 모든 구성원의 필요를 채워 주어야 한다는 책임감을 자주 느끼게 된다. 그리고 다 채워 주지 못하면 죄책감을 느끼게 된다. 구성원들의 필요를 채우는 것은 리더 혼자가 아니라 코치, 교역자, 다른 그룹 구성원들과 함께 하는 일이다. 이 일은 팀 사역이다!

Q__성격상 대면하기 힘든데, 어떻게 해야 할까?

A__어떤 방법으로든지 우리는 반드시 대면해야 한다. 껄끄럽다고 해서 넘어가면 상황은 더 나빠진다. 느끼고 있는 감정을 그냥 눌러버리면 언젠가는 폭발하게 된다. 그러므로 도전이라는 터널 속으로 자발적으로 들어가는 것이 낫다. 지혜롭게 할 말을 선택해서 상황이 더 나빠지기 전에 해결하라.

Q__구성원들이 교회에 등록하는 것이 소그룹 사역에 도움이 되는가?

A__흥미로운 것은 소그룹 사역이 교인들이 등록하는 데 많은 도움을 준다는 사

실이다. 소그룹은 비전을 제시하고 헌신을 요구하는 데 전략적으로 중요한 장소이다. 윌로크릭교회의 교인 등록 과정은 소그룹 리더와 코치 중심으로 진행되며 이들은 장로들의 감독을 받고 있다. 소그룹 지체들이야말로 우리 교회에서 가장 헌신된 사람들인데 이것은 그들의 봉사, 출석, 헌금, 몸 된 교회 생활의 참여 등에서 알 수 있다.

 참고도서

도서

『Caring Enough to Confront』(맞설 만큼 충분히 돌보기, David Augsburger, Herald press)

『Encouragement』(격려, Lawrence Crabb Jr. and Dan B. Allender, Zondervan)

『Lifestyle Discipleship』(라이프 스타일 제자도, Jim Petersen, Navpress)

『좌절된 꿈』, 래리 크랩, 좋은씨앗

『서로 진실을 말합시다』, 윌리엄 바커스, 생명의말씀사

제7부

사역의 배가

그룹이 성숙해지고 견습 리더가 리더십 기술을 계발해 가기 시작하면, 소그룹에 연결되지 않은 사람들도 공동체 생활을 누릴 수 있도록 새로운 그룹을 낳을 때가 온 것이다. 배가의 환경을 조성하기 위해 새로운 사람들을 그룹에 초청하고 견습 리더를 훈련해야 한다.

이 과정을 돕기 위해 제7부에서는 빈 의자를 채우기 위한 자료를 제시하고 있다. 또한 이것은 원그룹이 새로운 그룹을 낳는 과정에도 도움이 될 것이다. 이 과정에도 비전 제시, 배가 전략, 새 그룹과의 관계 등의 내용도 포함된다. 당신이 혹시 가지고 있을지도 모르는 두려움을 극복하는 기회가 되길 바란다. 어려운 과정일 수 있으나, 매우 큰 보람을 얻게 될 것이다. 새로운 사람들이 공동체에서 있을 자리를 발견할 것이고, 하나님께서 리더로 계획하신 사람들이 섬길 자리를 찾을 것이고, 당신의 그룹은 영원히 남는 열매를 맺는 만족을 경험할 것이다. 이것은 모두에게 득이 되는 윈-윈-윈의 상황이다! 그러므로 담대함을 가지고 결과에 대해 하나님을 신뢰하기 바란다.

그룹의 양적 성장

 그룹의 배가

하나님이 예비하신 빈 의자

하나님께서는 그분과 함께 영원한 사귐을 갖는 사람을 창조하려는 뜻을 가지고 계셨다. 그분은 삼위일체로서 완전한 사귐을 즐기셨지만 그분의 뜻은 이 사귐을 그분을 믿는 모든 이들로 구성된 공동체로 넓히는 데 있었다. 창세기로부터 요한계시록에 이르기까지 우리는 하나님의 마음이 사람들을 전도해서 그들을 이 새로운 공동체에 포함시키려는 데 있음을 알 수 있다.

- 메시아에 관한 약속(창 3 : 15)
- 노아에게 하신 약속(창 9 : 8~17)
- 아브라함을 큰 나라로 만드시겠다는 약속(창 12 : 1~5)
- 이스라엘 백성을 하나님의 백성으로 만드시겠다는 약속(출 6 : 7)
- 다윗에게 영원한 왕국을 주시며 하나님의 백성들이 거할 처소를 주시겠다는 약속(삼하 7 : 1~17)
- 하나님께서는 온 땅의 열방 가운데 알려지기를 원하심(시 67편)

- 모든 사람이 와서 하나님의 공동체의 일원이 되라는 초청(사 55 : 1~3)
- 온 땅에 알려질 메시아에 대한 약속(미 5 : 2~5)
- 온 땅의 열방들에게 알려질 하나님(습 3 : 8~10, 20)
- 모두가 와서 그리스도를 영접하라는 초청(마 11 : 28~30)
- 모든 족속으로 제자를 삼으라는 명령(마 28 : 18~20)
- 모든 믿는 자는 새 공동체의 일원이 된다는 약속(요 3 : 16)
- 성령의 능력으로 모두가 예수의 증인이 된다는 것(행 1 : 8)
- 우리가 그들에게 전하지 않는다면 세상이 복음을 들을 수 없다는 것(롬 10 : 14, 15)

위에서 볼 수 있듯이 하나님께서는 수천 년 동안 사람들을 '빈 의자'에 초청해 오셨다. 이 사실은 예수님의 삶 가운데서도 분명하게 나타나고 있다. 니고데모와의 관계를 발전시키기 위해서도 빈 의자의 개념을 사용하셨고, 우물가의 여인이나 간음하다가 잡힌 여인 그리고 그분의 12제자들에게도 이 개념을 사용하셨다. 그리고 그분의 초청은 오늘도 계속된다. 안드레는 베드로가 앉을 빈 의자를 내 주었고, 바나바는 바울에게, 바울은 디모데에게 그렇게 했다. 제자의 역할 중 하나는 아직 성경적 공동체에 참여하지 않고 있는 사람들에게 빈 의자를 내 주는 것이다. 초청할 대상은 구도자나 주변에 머뭇거리고 있는 기독교인들, 그리고 교제하기를 원하는 헌신된 신자들을 포함한다.

빈 의자 채우기

빈 의자를 어떻게 채워야 할까? 이에 대한 몇 가지 절차와, 새 구성원이 될 가능성이 있는 사람들을 생각해낼 수 있는 도표를 이용하라.

● 1단계 : 새 구성원들을 초대하기 전

1. 모든 구성원을 포함시키라. 구성원 모두가 어떻게 사람들을 초대해야 할지 생각해야 한다.
2. 빈 의자에 대해 가르치고 토론하라.
3. 빈 의자를 채우게 해 달라고 정기적으로 하나님께 기도하라.
4. 초청할 사람들의 명단을 작성하라(다음 페이지의 도표를 활용해서).

● 2단계 : 새 구성원들을 초대하는 법
1. 모임에 초대하기 전에 다른 구성원들과 만날 기회를 마련해 주라.
2. 그룹의 비전을 그들에게 설명하라.
3. 그룹에 참석하는 것에 대해 기도해 보라고 권하라.
4. 모임에 참석하기 전에 다른 구성원들과 관계가 형성되게 하라.
5. 최종적으로 몇 차례 모임에 참석해 보고 지속적인 관계를 결정하게 하라.

● 3단계 : 새 구성원들이 모임에 참석한 후
1. 새가족과 그를 초청한 구성원을 격려해 주라.
2. 모든 사람들이 간단하게 자신들이 살아온 삶에 대해 말하게 하라.
3. 같이 축하하라.
4. 새가족의 숫자를 급하게 늘리려고 하지 말라. 이 사람들이 그룹에 흡수될 충분한 시간을 주고, 다른 사람들을 초대하기 전에 일정한 기간 동안 이들의 성장에 관심을 쏟으라.

유의사항 : 위의 절차는 사람들을 그룹에 초대하는 일반적인 과정이다. 담당 부서 리더와 상의해서 위에 나와 있는 요소들을 현재 우리의 실정에 적용할 수 있을지 결정하라. (예를 들면, 구도자 중심의 그룹들은 새 구성원을 초대할 때 위와는 다른 방법을 사용해야 할 것이다. 그리고 교회 업무를 맡고 있는 그룹에서는 그 업무를 수행하기 위한 구체적인 지침을 가지고 있을 것이다).

새로운 구성원들을 어디에서 찾아야 하나?

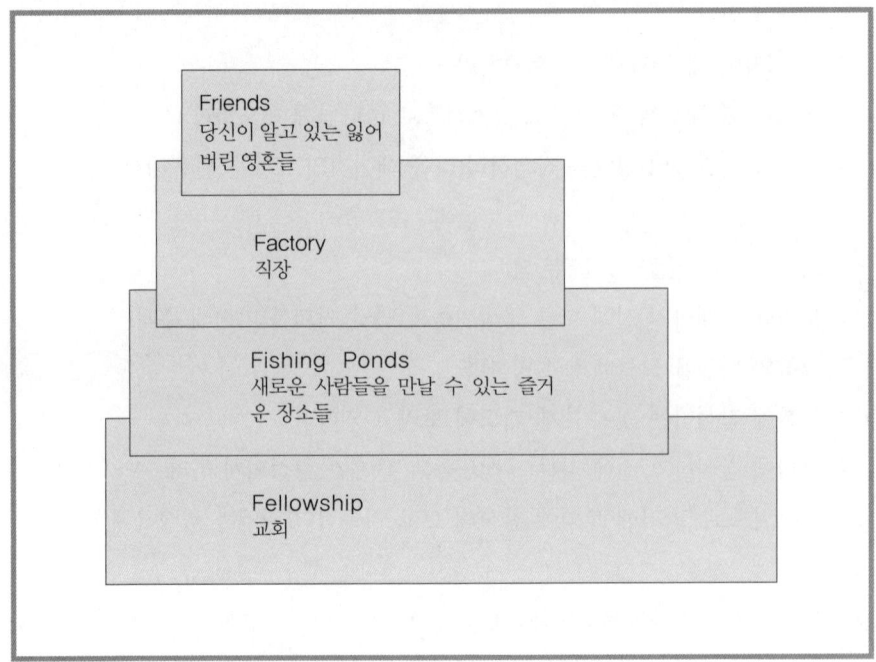

예비 구성원과의 대화

짧은 시간에 사람을 알아 가는 것은 쉽지 않다. 이런 일이 직업인 사람들도 사람을 제대로 알기 위해서는 오랜 시간이 필요하며, 상대의 장점과 단점을 정확하게 파악하는 데는 기술이 필요하다고 말한다. 더군다나 소그룹 사역은 그저 좋은 사람들이 모여 있다고 성공하는 것이 아니다. 구성원들이 공통분모를 가지고 있어야 한다. 공통분모를 발견하는 것은 주관적이고 육감에 의존하는 과정이지만, 활용할 수 있는 몇 가지 기본적인 질문들이 있다. 공통적인 관심사를 찾아내는 질문은 광범위하게 네 가지로 나누어 볼 수 있다.

- 인생 배경
- 직업과 가족
- 관심사와 취미
- 영적인 갈망

아래에 몇 가지 예를 제시해 보았다. 구성원이 될 가능성이 있는 사람과 만나게 되면 활용해 보라. 아래의 질문들을 다 던질 필요는 없다. 가장 편하고 적절한 질문들을 골라 사용하라. 직접 질문을 만들거나 자신의 말로 고쳐서 사용할 수도 있다.

1. 인생 배경
- 어떻게 교회에 나오게 되었는가?
- 이곳에 오기 전에는 어떤 교회에 다녔는가?
- 이 지역에 사는가? 학교는 어디에서 다녔는가?
- 어떤 교회에서 신앙생활을 하며 성장했는가?

2. 직업과 가족
- 지금 하고 있는 일은 무엇인가? 이전에는 무슨 일을 했는가?
- 현재의 일에 만족하는가? 그렇지 않다면, 무슨 직업을 갖고 싶은가?
- 스케줄은 어떠한가? 직장에서 얼마나 바쁜가?
- 결혼한 지 얼마나 되었는가? 아이들은 있는가? 있다면 몇 명인가?
- 배우자와의 관계는 어떠한가? 매일 두 사람은 어떤 시간을 갖고 있는가?
- 결혼생활(혹은 독신생활)에서 가장 큰 어려움은 무엇인가?
- 결혼생활(혹은 독신생활)에서 가장 큰 즐거움은 무엇인가?
- 친지들과의 관계는 어떠한가? 부모님은 자주 찾아뵙는가? 형제자매들은 몇 명인가?

3. 관심사와 취미
- 여가를 어떻게 활용하고 싶은가? 어떤 취미가 있는가?
- 외출 시에는 주로 무엇을 하는가?
- 쉬고 싶을 때는 무엇을 하는가?
- 배우고 싶은 운동이나 활동 또는 취미가 있는가?

4. 영적인 갈망
- 이 교회나 다른 교회에서 전에 소그룹에 참여해 본 적이 있는가? 어떤 점이 좋았는가?
- 왜 소그룹에 참여하려 하는가?
- 영적인 생활은 어떤가? 하나님과 동행하는 삶은 어떤가?
- 소그룹에서 내가 다른 사람들에게 기여할 수 있는 것이 있다면 무엇이겠는가?
- 이 그룹에 거는 기대는 무엇인가? 무엇을 성취하고 싶은가?
- 이 그룹 활동을 마치게 되었을 때 영적으로 기대하는 것은 무엇인가?

질문을 할 때에는 이 질문들의 전체 구조와 점차적인 순서에 유의하라. 영적인 삶의 구체적인 면이나 하나님과 동행하는 삶에 대한 질문부터 먼저 하면 그들이 위협을 느낄 수 있다. 따라서 간단하면서도 부담스럽지 않은 질문부터 먼저 하라. 이런 질문들이 긴장을 풀어 줄 수 있으며 질문하는 당신에게도 여유를 갖게 해 줄 것이다.

대화가 진행되면서 그들이 말하는 내용에도 귀를 기울여야 하지만 당신이 느끼는 감정에도 의식적으로 관심을 가지라. 그들의 자세나 목소리, 표정, 배우자를 힐끗 쳐다보는 모습 등을 의식하면 나와 그 사람의 비슷한 모습을 가늠할 수 있는 좋은 방편이 될 것이다. 사람들은 누군가에 대해 알려고 할 때 너무 성급하게 판단을 내리는 나머지 꼭 들어야 할 상대방의 이야기를 놓치고 마는 경우가 많다. 반면에 어떤 사람들은 판단을 너무 유보함으로써 그 사람에 대해 자신이 느끼는 진짜 감정마저 인정하지 않게 되고, 결과적으로 그 사람과 맞지 않는다는 사실을 놓칠 수 있다. 친근하고 비슷한 부분이 많은 사람들조차도 인간관계를 형성하는 데 어려움이 있을 수 있다(배우자와의 경우를 생각해 보라). 당신과 비슷한 점이 많고 잘 맞는 사람을 당신의 소그룹에 더하려 하는 것은 절대 배타적인 행동이 아니다.

유사성(affinity)이란

"우리가 서로에게 끌리도록 하는 공통점"이다. 이것은 '같은 모습'을 말하지 않는다. 우리는 우리와 똑같은 사람을 찾는 것이 아니라, 공통의 경험과 관심을 나눔으로써 건강한 관계를 이루어 나가는 것이다.

"나는 구도자들에게 말씀을 전할 때마다, 영적으로 혼돈 속에 있는 사람들에게 하나님의 진리를 전하는 것이 특권이고 모험이며, 너무나 중대한 임무라고 생각한다. 그들은 하나님께 중요한 존재이다. 따라서 그들이 이 교회에서도 영원히 중요한 존재로 남게 되기를 바란다."

빌 하이벨스, 『Rediscovering God』(하나님을 재발견하기)

소그룹에 구도자를 초대하는 일

모든 그룹이 다 구도자들을 맞을 준비가 되어 있는 것은 아니다. 공부하고 있는 교재나 구성원들의 성격에 따라 구도자들이 그룹에 들어오는 것을 환영하지 못할 경우가 있다. 그룹에서 구도자들을 초청하고 싶다면 코치와 상의해서 준비해야 할 것이다. 예를 들면 구도자를 그룹 모임이나 친교 행사에 초대할 때에는 아래의 영역에서 예민하게 신경을 써야 할 것이다.

- 구도자의 필요에 신경을 써야 하며 당신의 개인적 취향에 신경을 써서는 안 된다.
- 성경 말씀을 공부할 때에는 구도자가 이해하기 쉬운 번역본을 사용하라.
- 기독교 전문용어나 표현들, 예를 들어 '할렐루야'나 '아멘' 또는 '하나님의 어린양'이나 '예수의 피만 의지한다' 등의 용어의 사용을 피하라. 이런 용어들은 성경적이긴 하지만 구도자에게 생소하기 때문에 스스로 이런 모임에 맞지 않는다고 느끼게 해서 그들을 쫓아버리게 된다.
- 그들이 관심을 가지고 있는 분야에 초점을 맞추라. 신학적인 논쟁이나 차이에 집착하지 말고 성경의 기본적인 진리를 다루라.
- 구도자가 강하게 자기 의견을 내놓을 때는 용납하라. 논쟁하지 말라. 그들의 참여에 감사하고 구성원들에게도 구도자가 갖고 있는 질문이나 관점들을 존중하도록 일러두라. 말하기보다 듣기를 많이 하라.
- 기도는 단순하게 하라. 옆 사람과 대화하듯이 기도하라. 기도는 단순히 하나님과 대화하는 것이지 종교적인 은어를 사용해야 하는 것이 아님을 구도자에게 보여 주라.
- 일부 신자들도 의구심을 가질 만한 어려운 주제라고 해도 회피하지 말라. 정직하라. 진실하라. 성경의 진리를 말하는 것을 두려워하지 말라. 다만 서로 토론하는 것을 허용하고 익숙하지 않은 성경 용어나 개념은 설명해 주라.

위의 제안들은 구도자와 대화할 때 그들에게 민감해야 한다는 데 대한 몇 가지 간단한 조언들이다. 어떤 구도자들은 구도자 대상 소그룹에 참여해야 할지도 모른다. 그러나 대개의 구도자들이 전형적인 소그룹에 적응할 수 있을 것이다. 구도자들을 그룹에 초청할 때에는 구도자와 그룹의 목적을 동시에 만족시킬 수 있는 전략을 사전에 고안해내야 한다.

탄생

탄생이란 단어는 그룹이 배가하는 과정을 설명하기 위한 용어이다. 그룹이 다른 그룹을 낳아서 배가하는 것을 탄생에 비유하는 것은 매우 적절한 표현이다. 탄생은 고통과 분리, 그리고 상실감에서 오는 슬픔을 동반한다. 그러나 그것은 또한 축제와 기쁨, 그리고 새 생명에 대한 감사를 가져다 준다.

탄생을 준비하기 위한 조언들

1. 그룹이 처음 시작될 때부터 새 그룹을 낳는 데 대한 비전을 제시하라.
2. 이 목표를 그룹의 언약에 포함시키라.
3. 견습 리더를 그룹 리더십으로 반드시 준비시키라.
4. 그룹의 목적이 또 다른 그룹에 생명을 주는 것임을 구성원들에게 이해시키라.
5. 아직 기독교 공동체에 참여하고 있지 않은 사람들을 향한 비전을 갖도록 독려하라.
6. 새 그룹 탄생 몇 달 전부터 그룹을 하위 그룹으로 나누어 그룹 리더와 견습 리더가 따로 모임을 가져 보라. 이때 보통 같은 집에서 모이되 방을 따로 사용하는 것이 좋다. 이렇게 하면서 구성원들이 다른 구성원들이나 견습 리더로부터 분리되는 과정을 느껴 보게 하라.
7. 리더와 견습 리더는 새 그룹의 탄생을 준비하면서 새로운 견습 리더 후보를 찾아야 한다.
8. 새로운 견습 리더와 구성원들을 하위 그룹들에 초청해야 한다.
9. 모임 시간 전체를 하위 그룹들로 나누어 갖기 시작한다.
10. 새 그룹의 탄생을 축하하는 시간을 가지라.

생일

보통 여느 생일과 마찬가지로 이날은 축하해야 할 날이다. 새 그룹이 마침내 기존 그룹으로부터 분리되는 날, 함께 모여 새 생명의 탄생을 축하하라. 다음은 탄생의 기쁨을 누리고 새 그룹을 떠나보내는 슬픔을 경험하는 방법들이다.

1_ 탄생을 축하하는 파티를 열라.
2_ 새 그룹에게 임무를 부여하고 축복하는 기도 시간을 가지라.
3_ 각 그룹의 새 리더를 소개하고 격려해 주라.
4_ 각 구성원이 자신이 느끼는 기쁨과 슬픔을 표현하게 하라.
5_ 두 그룹이 다시 함께 모여 연합할 시간을 계획하라(4~6주 이내로).
6_ 함께 성찬식을 갖고 이전 그룹에서 경험했던 승리와 축복들을 함께 나누라.
7_ 두 그룹의 미래를 위해 기도하고, 각 그룹이 영적으로, 수적으로 성장할 수 있도록 기도하라.
8_ 구성원 각자가 그룹 내 모든 사람들에게 감사와 존경을 담은 편지를 쓰도록 하라.
9_ 새 그룹의 탄생을 준비하는 모습을 사진이나 비디오로 남기라.
10_ 후에 두 그룹이 정기적으로 만날 수 있도록 몇 번의 친교 모임을 계획하라.

탄생의 유형
새 그룹 탄생의 대표적인 네 가지 유형은 다음과 같다.

새 그룹의 탄생

	원 그룹	새 그룹
리더가 새 그룹을 탄	견습 리더가 리더가 된다.	원 리더가 원 그룹을 떠난다.

생시킬 때	새 견습 리더를 찾는다. 원 구성원들이 모인다.	새 견습 리더를 찾는다. 새 구성원들을 찾는다.
견습 리더가 새 그룹을 탄생시킬 때	리더가 남는다. 새 견습 리더를 찾는다. 원 구성원들이 모인다.	견습 리더가 원 그룹을 떠나서 새 리더가 된다. 새 견습 리더를 찾는다. 새 구성원들을 찾는다.
그룹의 핵심이 새 그룹을 탄생시킬 때	리더가 남는다. 새 견습 리더를 찾는다. 일부 구성원들은 남는다. 새 구성원들을 찾는다.	견습 리더가 원 그룹을 떠나서 새 리더가 된다. 새 견습 리더를 찾는다. 일부 구성원들이 따라온다. 새 구성원들을 찾는다.
'터보그룹' 모든 구성원들이 각각 새 그룹을 탄생시킬 때	모든 구성원들이 견습 리더다. 이들이 개별적으로 혹은 둘씩 짝지어 새 그룹을 시작한다. 리더도 새 그룹을 시작한다.	견습 리더 모두가 새 리더가 된다. 새 견습 리더를 찾는다. 새 구성원들을 찾는다.

출산의 고통 줄이기

1_새 그룹을 낳겠다는 목표를 처음부터 제시하라. 이것을 자주, 긍정적으로 이야기하라. 소그룹이 진행되는 중에 갑자기 출산 이야기가 돌출되면 구성원들은 저항하게 된다.

2_견습 리더에게 리더십을 발휘할 기회를 줌으로써 출산 준비를 하라.

3_두세 명 이상의 핵심 멤버들이 반대하면 강요하지 말라.

4_'아기' 그룹이 '어머니' 그룹 안에서 자기 정체성을 찾아 가는 임신 기간을 허락하라(일정 기간 한 집에서 두 방을 사용하여 모인다).

5_새 그룹이 탄생하는 날에는 생일 축하 파티를 열라.

6_양육 기간을 두라. 즉 탄생 이후에도 두 그룹이 정기적으로 만나라.

7_슬퍼하는 사람들을 격려하라.

8_새 구성원들을 찾을 전략을 세우라.
9_당신이 낳은 새 그룹이 손자 그룹을 낳게 되면 또 다시 탄생을 축하하라.
10_새 그룹이 탄생한 후에 그 그룹의 구성원들을 개별적으로 만나 개인적인 출산도 잘 이루어지도록 점검하라.

 탄생 후 후속관리

새 그룹이 탄생해 떨어져 나간 후, 원 그룹과 새 그룹 각자 한두 번의 특별한 모임을 가져야 한다. 이렇게 해야 그룹이 공식적으로 분리되고, 탄생 과정에서 일어난 느낌과 슬픔을 표현할 수 있다. 또한 새 구성원들이 더해지도록 기도를 시작해야 한다. 그룹을 재정비하는 모임을 몇 번 가진 후에는 다시 기도하며 새 사람들을 새 공동체에 초청하여 빈 의자를 채우는 과정을 시작해야 한다. 이제는 새 그룹이라는 사실을 명심하라. 왜냐하면 지금의 그룹은 이전의 그룹과 같지 않기 때문이다. 리더는 이때 구성원들에게 더욱 신경을 써야 한다. 왜냐하면 이때야말로 슬픔, 좌절, 상실을 느끼게 되기 때문이다.

자료

 사역 배가에 대해 자주 묻는 질문들

Q__새 그룹을 낳는 데 어느 정도의 기간이 필요한가?

A__그룹마다 다를 수 있다. 중요한 것은 모임 횟수보다는 견습 리더의 준비 상태이다. 견습 리더가 새 그룹을 인도할 준비가 되고, 이어서 새로운 견습 리더가 될 사람을 찾아냈다면 출산 준비가 된 것이다. 그룹이 시작된 지 9~36개월 사이의 어느 시점에선가 새 그룹이 탄생하게 될 것이다. 그러나 새 그룹의 탄생은 사역과 그룹의 성격에 따라 다르다. 그룹이 얼마나 자주 모이는가, 견습 리더가 인도할 준비가 되었는가, 사역의 성격이 무엇인가에 따라 다르다.

Q__새 그룹을 성공적으로 낳지 못했을 때는 어떻게 해야 하는가?

A__분명히 성공적으로 낳지 못하는 경우도 있다. 새 그룹의 탄생은 어려운 과정이다. 이런 경우에는 부서 리더와 긴밀하게 협의해서 최선의 해결책을 찾아보라. 인생살이가 언제나 완벽한 것은 아닌 것처럼 소그룹의 경우도 마찬가지다. 기도하면서 그 상황을 풀어 갈 수 있는 지혜를 주시도록 간구하라.

Q 리더는 그룹에 구도자들을 받아들이기 원하지만, 구성원들이 원치 않을 때는 어떻게 해야 하나?

A 그룹을 깨뜨리는 데 (그리고 구도자들에게 상처를 주는 데) 가장 좋은 방법은 그룹이 구도자들을 받아들일 준비가 되어 있지 않은데도 그들을 불러들이는 것이다. 이것은 구도자들이 교회에 대해 받게 되는 인상에도 부정적인 영향력을 끼칠 수 있다. 만일 당신이 리더로서 구도자들을 대상으로 사역하기를 원한다면 (그리고 이 부분에 은사가 있다면) 견습 리더를 잘 훈련시켜서 그가 기존의 그룹을 이끌게 하고 당신은 구도자 대상 그룹을 탄생시켜서 나가야 할 것이다.

Q 소그룹에서 전도는 얼마나 중요한가?

A 전도는 모든 그리스도인에게 아주 중요한 부분이다. 마찬가지로 소그룹에도 똑같이 중요하다. 그러나 이 말은 모든 소그룹이 다 구도자 지향 소그룹이 되어야 한다는 뜻은 아니다. 앞에 언급한 대로 어떤 그룹은 구도자들을 초대할 수 있을 것이다. 그러나 또 어떤 그룹은 준비가 안 되었을 수 있다. 중요한 것은 그룹의 각 구성원이 복음을 얼마나 효과적으로 설명할 수 있느냐와, 전도의 가치를 '내 것'으로 삼고 있느냐는 것이다. 어떤 그룹은 구성원 각자가 이웃이나 직장 동료에게 개별적으로 전도하기 위해 서로 기도해 주고 후원해 주기로 결정하는 선에서 그칠 수도 있다. 최소한 생활 전도 훈련 코스를 통해서 어떻게 기독교의 메시지를 각 개인의 개성과 은사에 맞게 전할 수 있는지 배워야 할 것이다.

Q 소그룹에 데려 올 사람을 찾기가 어렵다면 어떤 방법을 찾아야 하는가?

A 부서 리더들과 먼저 상의하라. 당신의 사역 부서에는 그룹을 찾는 사람들이 모이는 '낚시터' 행사가 있을 수 있다. 이런 활동에 참여한다면 당신의 그룹에 맞는 사람들을 많이 만나게 될 것이다(낚시질). 당신의 그룹에서도 이

런 종류의 활동들을 개최하여 새로운 사람들을 만나 보라. 또한 부서 리더나 사역 디렉터를 통해 혹시 소그룹에 들어가고 싶어 하는 사람이 있는지 알아보라.

Q__어떻게 공통분모를 찾을 수 있는가?

A__유사성이란 동질성을 의미하는 것이 아니다. 유사성이란 둘 사이에 인간관계가 성립될 수 있는 충분한 공통점이 있다는 것을 의미한다. 이 공통기반은 인생의 단계, 자녀 수, 연령, 비슷한 사역에 대한 관심, 비슷한 직업적 관심, 비슷한 문제나 필요, 비슷한 취미와 흥미 등이 될 수 있다. 유사성은 그 외의 사람들을 밀어내기 위한 것이 아니다. 오히려 현실적으로 존재하는 공통분모를 존중하자는 것이다. 사람들은 자신이 편안하게 느끼는 사람들과 더불어 그룹을 만들고 싶어 하는 경향이 있다. 모든 사람들에게 전도하려는 태도는 칭찬할 만하지만, 또한 중요한 것은 사람들이 유사성을 기초로 한 연합을 원한다는 것이며 이 사실을 인정하는 것이다.

Q__교회에 연결되기 싫어할 뿐 아니라, 도대체 다른 사람들과 비슷한 점이라고는 찾아볼 수 없는 사람들은 어떻게 해야 하나?

A__언제나 그처럼 인간관계를 이루어 나가는 데 어려움을 느끼는 사람들이 있게 마련이다. 여기에는 여러 가지 이유가 있을 수 있다. 방금 이사 왔기 때문에 아는 사람이 없어서 그럴 수도 있고, 대인관계 기술이 좋지 않아서 그럴 수도 있으며, 또 매우 내성적인 성격 때문에 그럴 수도 있다. 그렇다고 해서 이런 사람들이 그룹 생활을 결코 할 수 없는 것은 아니다. 부서 리더들과 상의해서 이런 사람들을 그룹에 포함시킬 수 있는 방법을 찾아보라. 교회 차원에서, 각 사역별로 다양한 행사나 활동을 열어서 속할 수 있는 그룹을 찾을 수 있게 배려하라. 어느 한 사람도 소외되지 않게 하라. 소그룹과 연결되는 데 어려움을 느끼는 사람을 만나면 부서 리더들과 함께 그들을 그룹

에 참여시킬 수 있는 방안을 찾아보라.

참고도서

『예수를 전염시키는 사람들』, 빌 하이벨스 · 마크 미텔버그 공저, 두란노

『우리 세대를 위한 창의적 전도』, 짐 피터슨, 네비게이토
생활 전도를 위한 대인관계의 기술을 계발시켜 주는 아주 좋은 책이다. 인간관계를 통해 복음을 전하게 되는 과정을 기술하고 있다.

『빛으로 소금으로』, 레베카 피펏, IVP
이 책은 우리가 어떻게 세상의 소금과 빛이 되어 사람들에게 복음의 영향을 미칠 수 있는가에 대해 탁월하게 이야기하고 있다.

『성장하는 미래교회 메타교회』, 칼 조지, 요단
사역 배가와 새 구성원들을 그룹에 추가하는 것에 대해 논한 책이다.

제8부

소그룹 시작하기

제8부는 교회에서 소그룹 사역 전체를 인도하는 사람들을 위한 내용을 담고 있다. 그러나 소그룹 리더들에게도 필요한 내용일 것이다. 소그룹 리더들은 자신의 그룹이 교회의 전반적인 전략 및 비전과 어떻게 맞물려 성장하고 있는지 알아야 한다. 따라서 이제는 우리가 함께 세워 가고 있는 것이 무엇인지 좀더 명확한 그림을 그리게 될 것이다. 당신의 소그룹 사역의 시작을 돕기 위해 여기서 제공하는 것은 제시해야 할 핵심 질문들, 이 사역을 세워 나가면서 거치게 되는 단계, 리더 훈련에 관한 조언, 발전 과정에 대한 평가서 등이다. 이 질문과 전략들을 교회의 상위 리더십 팀과 함께 공부하는 것이 매우 좋을 것이다. 평신도 사역자들과 교역자들의 협력 없이는 소그룹 사역의 잠재력은 온전히 실현되지 못할 것이다. 그리고 당신이 투자한 시간은 변화된 사람들로 보상받을 수 있을 것이다

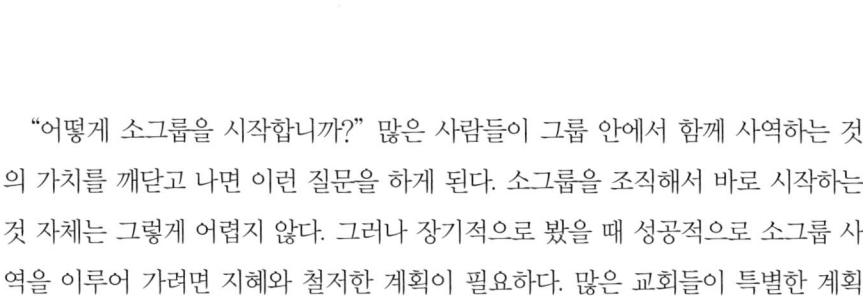

시작

"어떻게 소그룹을 시작합니까?" 많은 사람들이 그룹 안에서 함께 사역하는 것의 가치를 깨닫고 나면 이런 질문을 하게 된다. 소그룹을 조직해서 바로 시작하는 것 자체는 그렇게 어렵지 않다. 그러나 장기적으로 봤을 때 성공적으로 소그룹 사역을 이루어 가려면 지혜와 철저한 계획이 필요하다. 많은 교회들이 특별한 계획 없이 소그룹 사역을 시작한다. 소그룹을 시작하기 전에 먼저 던져야 할 질문은 "소그룹 사역이 잘 이루어져 많은 사람들이 그룹에 참여하기를 원하게 되고 리더들이 추가적인 훈련을 필요로 하게 되면 어떻게 할 것인가?" 하는 것이다.

소그룹을 시작하는 것과 소그룹을 기반으로 하는 사역을 시작하는 것에는 큰 차이가 있다. 서론에서 소그룹이 있는 교회와 소그룹을 위한 교회에는 차이가 있다고 밝힌 바 있다. 만일 당신이 소그룹을 단 하나만 시작하기 원한다면 우리가 논의한 소그룹의 필수적인 기반들, 즉 비전을 갖는 것, 목표를 정하는 것, 언약을 작성하는 것, 핵심가치에 동의하는 것 등에 대해 다루고 있는 제4부를 참고하라. 제7부는 새 구성원들을 찾는 데 도움을 줄 것이고, 제3부는 제자훈련을 거쳐 리더로 자랄 수 있는 견습 리더를 식별하는 데 도움이 될 것이다.

그러나 만일 교회 전체나 사역 전체를 소그룹을 기반으로 세우기 원한다면, 그리고 소그룹을 통해 대사명을 완수하기를 원한다면, 더 많은 사실에 대해 생각해 보아야 할 것이다.

여덟 가지 핵심적 질문

종종 교회들은 새로운 사역을 시작하려 할 때 비전, 결과, 목회자, 예산, 자료 등 그 일을 이루기 위해 필요한 자원에 집착하는 경향이 있다. 그러나 내가 원하는 교회를 만들기 위해 앞으로 나아가기 전에 현재 나의 교회가 어떤 교회인지 분명하게 이해하는 것이 중요하다. 여기에 우리가 반드시 자문해 보아야 할 중요한 질문들이 있다.

우리는 어떻게 걸어왔는가?

교회의 과거를 살펴보고 교회의 유산, 과거의 가치관, 출석 경향, 그 동안에 사역이 진척된 단계를 분명히 알라. 아래의 항목들을 참고해서 역사를 평가해 보는 시간을 가지라.

- 설교 주제들
- 교역자 변동
- 교회 내 주요 사건들
- 세계 주요 사건들
- 출석 교인수의 변화
- 위기와 비극들
- 사역 형태들
- 예산
- 변화에 대한 이전의 반응들
- 시작했다가 마친 사역들
- 소그룹 경험

이 부분들을 정리함으로써 교회를 이해하는 데 큰 도움을 받을 수 있을 것이다. 이 과정은 우리로 과거를 의미 있게 돌아보게 해 주며, 성공과 실패를 통해서 배우게 하고, 새가족들이 노련한 베테랑들과 보조를 맞출 수 있게 해 준다. 이것은 또한 하나님께서 하신 일들에 대해서 감사하고 장래에 그분이 하실 일에 대해서 기도하는 기회가 되기도 한다. 오랫동안 출석한 교인들이 교회가 거쳐 온 여러 단계들에 대해 증언하게 하라. 과거를 소중하게 생각할 때 교인들의 마음이 하나가 된다.

지금 우리는 어디에 있는가?

이제 현재의 사역, 현재의 교역자, 현재의 비전, 현재의 역량 등을 논의해 보라. 이것은 과거를 검토한 것의 연장이다. 현재 잘하고 있는 것은 무엇이며 하나님께서 요구하시는 사역을 감당하는 데 있어서 어느 정도 성공적이라고 보는가? 현재 교회의 구조와 사역모델(공예배, 주일 학교, 장년 성경공부, 강의, 소그룹, 비공식적인 그룹들, 여전도회 등)은 어떠한가? 이 사역들이 존재해야 하는 이유는 무엇인가? 이것들은 효과적인가?

우리의 핵심가치는 무엇인가?

모든 교회는 그 교회를 기능하게 하는 일련의 가치들을 가지고 있다. 이것들은 분명히 표현되어 있기도 하지만, 어떤 교회에서는 명문화되어 있지 않고 교회 내부에서만 이해되기도 한다. 소그룹 모델을 가동하려는 과정에 있는 교회라면 먼저 교회 사역의 핵심가치들을 결정해야 한다. 그런 다음 소그룹 사역이 이런 가치들을 강화시켜 줄 것인지 판단해야 한다. 교회 리더들이 토론해 볼 만한 가치들은 다음과 같다.

- 관계 형성 : 다른 사람들을 돌보며, 그들을 알고 이해하려 한다.
- 잃어버린 영혼에 대한 애정 : 모든 사람은 하나님께 중요한 존재이므로, 잃어버린 사람들 역시 하나님의 마음에 있다.
- 진실을 말함 : 은혜와 사랑으로 서로 진실을 말한다. 문제를 숨기지 않고, 원망을 품지 않고, 나쁜 소문을 퍼뜨리지 않고, 건전한 갈등을 피하지 않는다.
- 공동 사역 : 모두가 함께 사역한다. 사역은 교역자들만의 일이 아니다. 모든 신자들이 제사장의 직분을 맡았다는 사실을 잊지 않는다.
- 상호 점검 : 서로가 도덕적 훈련이나 경건을 실행하도록 돕는 데 헌신하며, 그리스도 안의 형제자매가 서로의 행실과 성도로서의 책임 실행 여부에 대해 묻는 것을 허용한다.
- 헌신 : 사명을 수행하고 그것을 위한 책임을 감당한다.

교회의 핵심가치를 무엇으로 정하든 간에 반드시 유의해야 할 것은 그것이 성경을 기반으로 정해져야 하며, 문구로 잘 표현되고, 교회의 중직자들이 동의하고 가르치고 본을 보이는 것들이어야 한다는 것이다. 이렇게 본다면, 소그룹 중심으로 사역의 틀을 짜는 것이 이러한 가치들을 강화시킬 수 있는지 아닌지 판단할 수 있을 것이다.

우리 교회의 결정권은 누구에게 있는가?

소그룹 사역은 교회의 중요한 안건이므로, 교회의 결정에 영향을 미치는 핵심 인물들이 소그룹의 비전, 가치, 역사, 현실을 이해하고 받아들이는 것이 좋다. 교회가 중요한 결정을 내릴 때 그런 인물들의 자문을 구하는 것은 당연한 절차이다. 어떤 경우에는 그들(당회, 핵심 평신도 사역자 등)의 승인과 동의가 필요할 수도 있다.

주의할 것은 우리가 지금 정치에 대한 이야기를 하고 있는 게 아니라는 사실이다. 그러나 변화를 시도하고 일으키는 일에 있어서 우리는 지혜로워야 한다. 교회의 결정, 방향, 전략 등에 영향을 끼치는 사람들이 있다면 그들과 의견을 나누고, 그들을 존중하고, 우리가 하고자 하는 일에 그들의 축복을 구하는 것은 지혜로운 일이다. 그러나 정직한 태도로 해야 하며, 이용하려는 자세로 접근해서는 안 된다.

이런 사람들 중에는 교회에서 공적인 직위를 갖지 않은 자들도 있을 수 있다. 또는 그런 직위에 있는 사람들의 배우자들일 수도 있다. 아니면 교회가 창립할 때 많은 헌금을 하고 교회의 방향성에 깊은 관심을 가짐으로써 도왔던 사람들일 수도 있다. 그들을 상담자와 조언자로 받아들이라. 그들에게 지혜를 구하고 그들의 관심에 귀를 기울이며 그들이 제기하는 문제에 유의하고 당신과 함께 그 일을 해나가고자 하는 것에 감사를 표하라.

또한 당신이 어떻게 하더라도 결코 동참하지 않을 사람도 있을 수 있다는 것을 명심하라. 다만 하나님께서 소그룹 사역을 원하셔서 우리를 부르셨다는 사실은 확신하라. 내적 확신이 없으면 의견의 불일치나 역경 앞에 쉽게 포기할 수 있기 때문이다. 만일 교회의 중진들이 소그룹 사역을 진행시키기로 결정한다면 그것을 따르라. 그리고 당신이 하고자 하는 일을 지지하지 않는 사람들과도 계속 대화하고 사랑을 표현하라. 그들의 비평을 받아들이라. 그러면서도 하나님께서 주신 사명을 계속 이루어 나가라. 변화는 항상 어느 정도의 갈등과 불일치를 동반한다. 그런 갈등과 불일치가 있을 것을 예상하고, 준비하고, 처음부터 끝까지 기도로 통과하며, 지혜롭게 추진해 나가라.

핵심 리더들에게 비전을 어떻게 설명할 것인가?

전반적인 방향과 가치에 대해 합의를 이루면 비전선언문을 명문화하는 작업을 시작해야 한다. 이것은 당신이 정확한 목표에만 집중하게 해 주며, 소그룹의 리더로 세워질 사람들에게 비전을 설명해 줄 수 있는 도구가 될 것이다. 비전과 가치의 근거가 되는 성경 구절들을 포함시키라. 제1부에 나와 있는 윌로크릭 비전선언문을 참조하라. 비전선언문을 만들 때 충분한 시간을 갖고 연구하라. 많은 사람들의 참여와 피드백을 거쳐 만들라. 가능한 한 많은 리더들의 합의를 이루어내도록 하라. 그럴 때 많은 사람들이 그 비전을 자기의 것으로 소유하게 될 것이다.

이런 과정을 거치는 동안 기억해야 할 것은 당신이 이루기 원하는 것을 말하기 전에, 피했으면 하는 것이 무엇이고 보존하기를 원하는 것이 무엇인지 잘 생각해 보라는 것이다. 사람들은 미래에 대해 이야기하기 전에 당신이 과거의 좋은 핵심 가치를 보존하고 싶어 한다는 것을 확인하기 원할 것이다.

가능한 자원과 예상되는 장애물은 무엇인가?

소그룹을 실행하는 데 필요한 자원에는 무엇이 있는가? 어떤 자원들은 사역을 진행해 가면서 개발될 수도 있다. 그러나 아래의 것들은 시작하기 전에 생각해 봐야 할 자원 목록이다. 이런 항목들은 충분히 있느냐 없느냐에 따라 자원이 될 수도 있고 장애물이 될 수도 있다.

- 리더 혹은 리더로 설 가능성이 있는 사람들
- 재정 : 교회 예산 혹은 외부 후원
- 훈련과 교재
- 훈련과 교육을 위한 시청각 기자재
- 교역자 한 사람이 소그룹 사역에 바칠 수 있는 시간의 양
- 전문 컨설턴트 : 교인 혹은 외부의 전문가들
- 의견과 정보의 교환을 위한 포럼 : 결과를 평가하고 제기되는 문제들을 다루기 위해 정기적으로 모일 수 있는 장소나 모임
- 훈련과 모임을 위한 시설 : 교회 건물 밖에서 하는 것이 가장 좋다. 그러나 어떤 소그룹들은 교회 안에서 만나야 할 필요도 있다.

어떻게 소그룹으로 구조를 전환할 것인가?

기존의 모임과 예배 시간을 잘 살펴보고 이런 모임들을 통해서 훈련이나 비전 제시를 할 수 있다. 대부분의 평신도 사역자들이나 리더로 세울 만한 사람들은 이미 교회의 다른 활동에 헌신하고 있을 것이다. 여기에 새로운 훈련이나 모임이 추가된다면 그들은 너무 버거워할 것이다. 아래의 제안들을 참고하면 도움이 될 것이다.

1. 기존의 예배 전후로 훈련이나 간단한 모임을 추가하는 계획을 세우라. 베이비시터 봉사자들에게 한 달에 한 번씩 주일 아침 예배 시간에 20~30분 정도 더 봉사해 줄 것을 부탁하라. 그리고 소그룹 리더들이 그 시간에 와서 훈련을 받게 하라. 이렇게 하면 리더들에게 교회에 또 나와 달라고 강요할 필요 없이 집중적으로 실제적인 훈련과 교육을 시킬 수 있다.

2. 주일 저녁 예배나 주중 예배의 초점을 소그룹 사역과 리더십에 관한 주제로 바꾸라. 아래의 주제 중 하나에 초점을 맞추어 시리즈 설교를 할 수 있다.

   - 깊은 관계 형성하기
   - 진실을 말하기
   - 갈등 해결하기
   - 온전히 헌신된 제자 삼기
   - 내게 주신 은사를 활용해서 다른 사람들에게 영향을 미치는 법
   - 신약성경의 "서로"
   - 중보기도

이 주제들은 교회 전체를 대상으로 해도 유익한 것들이다. 소그룹 리더들은 이것들을 그룹 안에서 어떻게 주제로 삼고 적용할 것인지 생각할 수 있다. 이렇게 하

는 것은 리더로서 습득해야 할 리더십 기술을 훈련하는 과정이 될 것이다. 리더들에게 유인물을 나눠 주고 그 주 모임에서 사용할 수 있게 하라.

3. 리더십 훈련을 주제로 성인 주일 학교를 개설하라. 그룹 리더가 될 만한 사람들을 모아 반을 만들라. 그들이 잠재적인 미래의 리더들을 데리고 오게 하라. 그 반에서 가르치고 훈련시킬 뿐 아니라, 그 반이 모델 그룹이 되게 하라. 담임목회자나 다른 핵심 리더들이 가끔 그 반에서 가르친다면 더욱 큰 영향을 미칠 수 있을 것이다.

4. 기존의 당회 모임에 소그룹 시간이나 공동체 형성의 시간들을 더하거나 포함시키라. 이렇게 할 때 교회의 상위 리더들이 회중에게 그룹 생활의 모델을 보여 주게 될 것이고, 그들이 그룹 생활의 맛을 느끼게 되며, 그들 자신이 더 강한 팀으로 변해 갈 것이다. 이렇게 해서 그들이 그룹 생활이 얼마나 가치 있는 사역이며 열매 맺는 사역이라는 것을 깨닫게 되면 소그룹 사역을 더욱 지원하게 될 것이다.

교역자들에게는 어떤 의미가 있는가?

우선 교회의 방향성이 소그룹 중심으로 바뀌게 되면 모든 교역자도 그들의 시간과 에너지를 그룹 개발에 투자해야 할 것이다. 이것은 교회가 소그룹 사역으로 성장해 감에 따라 이루어지는 것이지 한번에 되는 것은 아니다. 3~5년 동안, 매년 교역자가 담당해야 할 업무의 20% 정도씩 소그룹 개발에 추가로 할당하라.

첫 해 　 —80%는 현재 업무, 20%는 소그룹 사역
둘째 해 —60%는 현재 업무, 40%는 소그룹 사역
셋째 해 —40%는 현재 업무, 60%는 소그룹 사역

이렇게 한다면 모든 교역자들이 점차 소그룹에 역점을 두게 될 것이다. 그러나 이렇게 하려면 몇 가지 사전 준비 사항이 있다.

- 현재 업무의 20%를 감소시켜야 한다. 그래야 소그룹 개발에 시간을 사용할 수 있다. 그러기 위해서는 각자 자신이 맡고 있는 업무의 우선순위를 정해야 한다.
- 평신도 사역자들을 모집해서 업무의 일부를 맡겨야 한다. 이것은 아주 건전한 전략이다. 많은 교역자들이 사역을 다른 사람들에게 맡기지 못하고 반드시 자신이 해야 한다고 생각하는 경향이 있는데, 이를 통해 그 고정관념에서 벗어날 수 있기 때문이다.
- 소그룹 사역이 성장함에 따라, 교역자들 역시 그룹을 구성해서 교회의 중심적인 사역을 감당하게 하라. 자신이 모든 일을 감당할 때보다 더 많은 일을 할 수 있다는 것을 알게 될 것이다. 그룹은 삶의 변화가 이루어지는 작은 공동체일 뿐 아니라, 동시에 교회가 성취해야 할 업무도 수행하는 수단이 된다.

소그룹 사역의 단계적 실시

윌로크릭을 비롯한 많은 교회들이 소그룹 사역 모델을 너무 빨리 도입하는 바람에 여러 실수들을 범해 왔다. 다행스럽게도 윌로크릭은 곧 궤도 수정을 통해 문제들을 해결할 수 있었지만 어떤 교회들은 실패로 끝났다. 그 이유는 교회가 소그룹 체제로 성장해 간 것이 아니라 소그룹 체제로 들어가버렸기 때문이다. 강단 광고를 통해서 모든 일을 해결하려는 자세, 너무 빨리 많은 그룹들을 출범시키는 것, 소그룹을 성공시키기 위한 계획을 세우지 않은 것, 미래의 리더들을 훈련하고 계발할 기간을 두지 않은 것 등의 이유로 인해 소그룹이 초기에 질식해버릴 수 있다. 그러므로 가능한 한 점진적으로 단계를 따라 움직이는 것이 좋다.

모델링/터보 단계

이 단계에서는 교회 리더들(담임목회자 포함)이 한두 개의 소그룹을 시작한다. 이 그룹은 잠재적 리더들, 생명력 있는 소그룹을 전혀 경험하지 못한 사람들, 소그룹 경험이 있지만 별로 바람직하지 않은 경험을 했던 사람들로 채워지도록 하라. 충분한 시간을 갖고 당신이 그룹에 대해 원하는 비전과 가치의 본을 보이라. 실험하라. 모험하라. 피드백을 요청하라. 바꿔야 할 것을 바꾸라. 이런 과정에서 몇 가지 기존 패러다임을 깨뜨려야 할지도 모른다.

사람들마다 '소그룹'이라는 단어에 대해 머릿속에서 각각 다른 그림을 그릴 것이다. 아래에 몇 가지 예를 들어 보겠다.

1. 성경공부 그룹 : 교리, 재림에 대한 해석, 질 높은 삶에 대한 집중적인 학습 등 주로 지식적인 토론 중심의 그룹. 여러 권의 공책, 참고 서적들, 헬라어 학습서, 주석, 기타 자료들이 필요함.

2. 치료 그룹 : 자신의 문제를 해결하고 토론하기 위해 모이는 그룹. 다른 사람들을 돌보거나 말씀을 공부하거나 영적으로 성장하는 일에는 관심이 별로 없음.

3. 친목 모임 : 그저 모여서 다과를 들면서 기도제목을 몇 개 나누고 다음 모임을 계획하는 그룹. 이들의 관심사는 베티의 집에 새로 단 커튼, 또는 보브가 최근에 구입한 차, 엘레인의 룸메이트, 최근에 히트한 영화 등이다.

4. 종교적인 토론 그룹 : 많은 종교적인 주제들로 토론하지만, 결국 성경의 진리에 이르지 못하는 그룹. 죽을 뻔했다가 살아난 사람들의 경험담이나 천사들의 계시, 모든 종교들의 공통점, 최근에 한 구성원이 영적으로 경험한 일 등에 주로 초점을 두고 토론함.

위와 같은 소그룹에 대한 편견 때문에 모델그룹을 만드는 것은 매우 중요하다. 누가 어떤 배경을 갖고 있든지 간에 소그룹에 속한 구성원들은 리더가 기대하는 소그룹의 모습이 무엇인지를 알아야 한다. 우리 교회가 소그룹 사역을 시작하는 데 있어서 갖는 특성이 무엇인지를 강조하라. 리더인 당신의 삶으로 다음의 가치들을 실현해 보이라.

- 새로운 사람들을 초청하여 빈 의자를 채우는 것
- 견습 리더들을 훈련시키는 것
- 그리스도를 모르는 사람들에게 전도하는 것
- 그룹에서 새 그룹을 낳을 준비를 하는 것
- 갈등과 분쟁을 잘 해결하는 것
- 삶의 변화를 축하하는 것
- 그룹을 재미있게 인도하는 것
- 모임을 다양하게 인도하는 것
- 서로 섬기는 것

한 그룹을 이끌고 있다는 사실 자체만으로도 당신은 사람들의 존경을 얻을 수 있고, 그 비전을 지켜 나가는 권리를 갖게 된다.

● 터보그룹

터보그룹은 모델링/터보 단계의 뚜렷한 특징이다. 터보그룹의 특징은 모든 구성원들이 다 견습 리더라는 것이다. 이것은 의도적으로 리더들을 계발하고 세워서 여러 개의 그룹이 동시에 탄생하도록 고안된 것이다. 이 그룹의 리더는 한 시즌 동안 견습 리더들에게 그룹의 가치와 그룹이 생성되는 과정을 가르치며 본을 보임으로써 훈련을 시킨다. 터보그룹의 마지막은 모든 구성원들이 새 그룹을 탄생시켜서 소그룹을 이루는 것이다. 우리는 터보 단계에서 적어도 10~15번 정도의 모임을 가질 것을 추천한다. 터보그룹은 견습 리더들을 이렇게 훈련한다.

- 리더십 기술을 훈련한다.
- 자신들의 견습 리더를 찾는다.
- 사람들을 그룹에 초청한다.
- 더 작은 3~5명의 하위 그룹으로 나누어져서 기도하고 리더십 계발을 한다.
- 건강한 그룹 역학관계를 관찰하고 실습한다.

터보그룹은 리더십 계발을 가속시키는 아주 좋은 방법이다. 그러나 이 잠재적 리더들이 실제로 좋은 리더가 되기까지는 시간이 필요하며, 이 과정 중에는 실습이 필요하다. 이 과정이 너무 급히 진행되면 나중에 이들이 리더가 되었을 때 아주 큰 문젯거리가 될 수도 있다. 수많은 미래의 구성원들의 생명이 걸려 있는 문제임을 기억하기 바란다. 초기에 리더십 계발을 위해 충분한 시간을 들여 훈련하면 나중에 발생할 수 있는 많은 문제들을 피할 수 있다.

파일럿(실험) 단계

파일럿 단계에서는 파일럿그룹을 통해 모든 구성원들이 소그룹 인도의 경험을 쌓게 된다. 먼저 잘 훈련된 몇몇 리더들에게 소그룹을 12~16회 정도 인도하는 실습 기회를 주라. (12~16회의 실습이 좋은 이유는 그룹이 신혼 단계를 지나서 약간의 갈등을 경험하게 되는 기간이기 때문이다.) 마지막 모임 후에 구성원들에게 평가와 피드백을 구하라. 파일럿그룹의 구성원들은 리더가 정한 핵심가치의 본을 보이고 가르치지만, 피드백을 받은 후에야 새 그룹을 탄생시킬 것인지 결정하게 된다.

파일럿 단계는 그룹 인도를 실험해 볼 수 있는 좋은 기회이다. 모든 구성원이 이 단계가 실습 단계라는 것을 알고 있으므로, 실패를 두려워하지 말라. 이 단계에서는 그룹 리더들과 매우 정기적으로 만나야 한다. 그리고 그룹 일정을 좀 빡빡하게 진행해야 한다. 모임 횟수가 제한되어 있으므로 리더들은 각 모임을 잘 활용해야 한다.

시작 단계

위의 기초 작업을 마쳤다면, 이제는 시작을 준비해야 한다. 그러나 이것이 모든 회중에게 광고하라는 말은 아니다. 모든 회중에게 너무 일찍 광고해서 소그룹에 참여하라고 초청하는 것은 바람직하지 못하다. 교역자들이 사역의 혼란에 빠지게 될 뿐 아니라, 준비되지 않은 사람들까지 리더 그룹에 들어가게 되며, 그룹에 들어가고 싶지만 자리를 찾지 못하여 좌절하는 성도들도 발생한다.

시작 단계에서도 입에서 입으로 소그룹을 광고하는 것이 좋다. 리더들과 견습 리더들(터보그룹이나 모델그룹 경험을 가진 사람들)에게 구성원들을 모집하라고 요청한다. 리더와 견습 리더로 구성된 각 팀은 그룹이 시작되기 전에 적어도 여섯 명 정도의 구성원들을 모집해야 한다.

시작 단계에 들어가기 전에 리더 훈련 과정이 준비되어 있는지 확인하라. 이것이 없으면 리더들이 실패할 수밖에 없다. 다음 사항들에 유의하라.

1. 장소: 창조적이고 생명력이 넘치는 훈련 시간을 갖기에 가장 좋은 장소는 어디인가?

2. 일시: 리더들이 모이기에 가장 좋은 시간은 언제인가? 여러 시간대를 만들어 그들이 선택할 수 있게 하라.

3. 자료: 리더들에게 질 낮은 자료들을 제공하여 그것을 소그룹 구성원들에게 나눠 주게 하지 말라. 그들이 그룹 안에서 최선을 다하기를 원한다면 최선의 자

료를 제공하라. 더불어 좋은 인쇄기와 복사기를 사용하라. 교회 밖에서 제작해야 한다면 그렇게 해서라도 질이 좋은 자료를 만들어 주라.

4. 모임 시간 : 얼마나 자주 훈련을 받느냐에 따라 다를 수 있다. 만일 6주마다 모인다면 두 시간 정도면 될 것이다. 간단한 다과를 준비하고 코치나 교역자와 시간을 갖게 하라. 매주 만난다면 30~40분 정도면 된다.

5. 상위 리더십 : 교역자나 장로들을 자주 참여시켜서 그들로 하여금 자신들이 현재 벌어지고 있는 일의 중심부에 있다는 것을 알게 하라. 교회와 소그룹 사역의 근황을 교회의 리더들에게 알림으로써 그들에 대한 존경을 표현하라.

6. 코치 : 잠재적 '목자 중의 목자'를 식별하기 시작하라. 사역이 커진 후에 리더들을 돌보게 될 사람들이다. 이것을 놓치지 말라. 그렇지 않으면 한 사람의 코치가 너무 많은 소그룹 리더들을 돌봐야 하는 상황을 만나게 될 것이다.

공개 단계

위의 여러 단계들을 성공적으로 마쳤다면, 그리고 리더들을 돌볼 코치들을 준비시키고 있다면, 이제 소그룹 사역을 교회 전체로 확장할 때가 온 것이다. 많은 사람들이 이미 이 소식을 알고 있는 상황을 전제한다. (이때쯤이면 이미 교인들이 파일럿그룹이나 소그룹 리더들로부터 이 소식을 듣고, 소그룹에 못 들어가 안달하고 있는 상황이길 바란다!) 이제 교회 전체적으로 소그룹 사역을 시행한다는 것을 발표하기 전에 아래의 사항들을 고려하라.

1. 기존의 그룹에 새 구성원들을 받아들일 수 있는 빈 의자들이 충분히 있는가?

2. 소그룹 리더들을 돌보고 후원할 코치가 될 만한 사람들을 파악하고 있는가? 코치들의 돌봄의 범위를 감안한다면, 한 코치가 다섯 개 정도의 소그룹을 맡는 것이 적절하다. 처음에는 교역자나 장로들이 이 역할을 맡을 수도 있다. 그러나 직접 모임을 인도하고 새 그룹을 탄생시켜 본 경험이 있고 소그룹 체계를 거쳐서 자라 온 사람이 코치가 되는 것이 이상적이다.

3. 소그룹에 참여하려 하는 사람들 중에서 견습 리더가 될 만한 사람들을 찾아냈는가? 좋은 리더의 잠재력을 가지고 있는 사람들이라 하더라도 대부분은 리더로 서겠다고 나서기를 주저한다. 그들을 도전할 준비를 하라.

4. 너무 많은 사람들이 소그룹에 참여하겠다고 요청할 때, 그들을 잠시 수용할 수 있는 '저장 탱크'가 준비되어 있는가? 이 모임은 사람들이 소그룹에 진짜로 참여하기 전에 소그룹 형태를 경험할 수 있는 곳이다. 이곳에서는 미래의 리더들을 찾을 수 있으며, 그룹에 참여하려고 대기하는 사람들이 있을 곳을 찾게 된다.

5. 대가를 지불할 준비가 되어 있는가? 교회가 달라질 것이다. 많은 도전과 문제들(대부분은 성공적이기 때문에 발생하는)이 발생할 것이다. 당신은 소그룹의 비전에 계속 헌신되어 있어야 한다. 핵심 직위의 교역자들과 평신도 리더들이 소그룹 시작 이전에 모두 이 일에 적극 동참하고 있어야 한다.

6. 성공을 어떻게 기념하고 축하할 것인가? 간증이야말로 비전과 전략을 지속적으로 확산시키는 가장 효과적인 방법이다.

소그룹 리더 훈련

리더 훈련은 소그룹 사역의 장기적 성공의 관건이다. 지속적인 리더 계발을 통해 사역이 재생산되는 체제이므로 리더들이 제대로 무장되지 않으면 안 된다.

소그룹 리더들이 사역을 감당하기 위해서 받아야 할 훈련에는 두 가지가 있다. 강의식 훈련을 벗어난 분산식 훈련과 트레이너가 훈련시키는 중앙 집중식 훈련이 그것이다. 이 두 가지 방법들에 대해 알아보자.

 분산식 훈련

현장 훈련

견습 리더들은 실제 소그룹 생활 속에서 관찰과 실습으로써 배우게 된다. 이것이야말로 가장 효과적인 훈련이다. 이것의 효율성은 대체적으로 리더와 견습 리더, 그리고 견습 리더와 코치의 관계에 달려 있다. 그룹을 방문하는 코치들은 성장하는 견습 리더들에게 조언과 격려를 해 줄 수 있으며, 리더들은 견습 리더들과 동행하면서 적절한 피드백과 모임을 인도할 수 있는 기회를 주고, 견습 리더들이 리더십을 키워 가는 과정을 격려해 준다.

사역 기반 훈련

다양한 사역 분야를 갖고 있는 교회에서는 해당 사역 특유의 내용에 적용할 수 있는, 목표가 분명하고 초점이 잘 맞추어진 훈련을 제공할 수 있다. 예를 들어, 청소년 사역 디렉터는 회중이나 지역사회에서 청소년 전문가를 초청해, 소그룹 리더들이 현대 문화 가운데서 일어나는 청소년들의 갈등과 필요를 더 잘 이해할 수 있도록 훈련할 수 있다.

자기 스스로 하는 훈련

리더들은 테이프나 책, 훈련에 필요한 정보나 자료 등을 사용해 스스로 배운다.

중앙 집중식 훈련

중앙 집중적이며 교회가 인도하는 훈련은 교회 건물 내에서 (혹은 다른 지정된 장소에서) 행해진다. 이곳에서 리더들은 목회자들과 사역 디렉터들과 함께 모여 특정한 훈련을 받게 된다. 이런 훈련에는 역할극, 기술 시범, 비전 제시, 사례 연구, 비디오 상영 등이 포함될 것이다. 대부분의 중앙 집중식 훈련은 리더십 훈련의 초기 단계에 이루어져야 한다. 그런 다음에 비로소 자신이 배울 것과 필요한 훈련을 스스로 선택할 수 있는 분산식 훈련 방법으로 옮겨 가게 된다.

교회에서 훈련을 하게 될 때는 재미있고 역동적인 환경을 만들도록 최선을 다하라. 강의는 최소한으로, 그리고 효과적으로 진행하라. 훈련을 할 때 상호 교류가 일어날 수 있도록 하라.

교회 기반 훈련을 하기 전에 물어야 할 질문들

인격적인가?

많은 훈련 프로그램들이 커리큘럼 중심으로 짜여 있다. 그러나 훈련 프로그램은 반드시 훈련을 받는 사람 중심으로 짜여져야 한다. 성공적인 소그룹 리더가 되기 위해서는 먼저 어떤 사람이 되어야 할 것인가를 정의하고 머릿속에 그림을 그려 보라. 성품과 사역 기술 개발이라는 양쪽 측면에서 생각해 보라. 일단 소그룹 리더로서 절대적으로 갖추어야 할 절대적인 최소한의 성품적 특성과 사역 기술의 목록, 즉 이것들이 없이는 소그룹 리더가 될 수 없고 또한 되어서도 안 된다고 생각되는 목록들을 적어 보라. 그런 다음 이러한 것들을 개발하기 위한 훈련 자료와 지침을 기본적이고 필수적인 훈련에 포함시키라.

핵심 질문: 우리의 훈련 자료는 학습자에게 도움을 주기 위해 고안되었는가, 아니면 가르치는 사람을 위해 고안되었는가?

성경적인가?

교회에서 소그룹을 교회의 구조로 채택해서 운영하게 되면 자칫 우리의 주된 관심이 그룹 안에서 일어나는 역학관계나 기술 등에만 끌리게 되는 유혹을 받을 수 있다. 물론 이것들은 필요하며 무시해버릴 수는 없다. 그러나 확고한 성경 교재와 가르침이 리더 교육에 함께 따라야 한다. 리더들에게 리더십, 관계, 공동체, 목양에 대해서 그리스도 중심의 비전을 제시할 때의 근본적인 지침은 바로 성경이다. 목양과 리더십 계발을 위해서 에스겔 34장, 마태복음 10장, 누가복음 10장, 그리고 요한복음 10장 등을 요절로 활용하라. 에베소서 4장을 사용해서 리더들로 하여금 복음의 사역자로서 자신들의 역할을 이해할 수 있게 하고, 요한복음 13장과 빌립보서 2장을 통해서 겸손과 섬김의 필요에 대해 이해하도록 도우라.

성경을 사용할 때 단순히 지식만 전달하는 것이 아니라 그들의 삶이 변화되도록 하라. 성경에 근거를 둔 리더십의 비전을 제시하고, 성경적 가치관과 사역 지침들을 제시하라. 여기에 돌봄에 필요한 기술 훈련과 삶을 변화시키는 모임 진행법, 창조적 성경 토론의 전개, 잘 듣는 법, 중보 및 그룹 기도, 영적 은사 측정 및 배치 등을 조합하면 강력한 훈련 프로그램이 될 것이다.

핵심 질문 : 리더들이 성경이 말하는 대로 양육받고 격려받는다고 느끼겠는가?

발전시켜 주는가?
　훈련과 교육을 계획하고 조직할 때 훈련받는 리더들이 그들의 삶에 진보가 있다고 느낄 수 있도록 하라. 초창기의 윌로크릭교회는 메뉴에 기반을 둔 훈련 프로그램을 제공했다. 그래서 리더들은 자기가 그룹을 인도하는 데 필요하다고 생각되는 메뉴들을 택했다. 우리가 실패한 것은 그들이 메뉴를 택할 때 단지 그들이 피부로 느끼는 필요에 따라 (예를 들면 그룹 안에서의 갈등 해소법 등) 선택하게 했지, 그들의 성장에 필요한 것을 가르치는 과정들(예를 들면 목자가 되는 법 등)도 선택할 수 있도록 교과 과정을 짜지 못했던 것이었다. 메뉴만 제공하는 방법은 그들에게 선택할 수 있는 자유를 제공했을 뿐, 리더들이 어떤 것을 선택하는 것이 최선인지를 가르쳐 주는 데는 미흡했던 것이다.
　발달 지향 접근 방법은 리더들로 하여금 다양하게 펼쳐져 있는 교재나 자료들을 선택할 수 있도록 해 줄 뿐만 아니라, 개인의 성장을 위한 목표와 지침들을 결정하게 도와주는 계획까지도 제시한다. 모든 사람이 다 같지 않기 때문에 계획은 융통성이 있어야 하지만 또 모든 리더들에게 필요한 많은 기본 훈련 과정들이 포함되어야 한다. 필수 과정이 끝난 후에는 리더들이 스스로 현명한 선택을 할 수 있도록 도와주는 훈련 시스템을 마련하도록 하라.
　윌로크릭에서는 소그룹 코치들을 활용한다. 이들은 리더십 계발 계획서를 가지고 사용하면서 그들이 담당하는 리더들에게 적절한 훈련을 추천한다. 이러한 상호 점검과 지원이야말로 제반 성장 단계에 따른 적절한 훈련 과정을 선택하고 사용할 수 있도록 전체적인 틀을 제시해 줄 수 있다.

핵심 질문 : 이 훈련을 통해 리더들이 얼마나 성장할 수 있을 것인가?

감동을 주는가?

어떤 훈련은 마치 치과 의사를 찾아가는 것 같은 기분을 느끼게 한다. 힘들고 시간이 많이 걸려도, 찾아가는 이유는 반드시 가야 하기 때문일 뿐이다. 그러나 많은 사람들이 치과 의사에게 가는 것을 즐기기 시작할 수도 있다. 그 의사가 친절하고, 사람들에게 관심을 가져 주고, 위생과 건강을 유지하는 실질적인 방법들을 추천해 주고, 개인의 삶과 가족에 대한 질문도 가끔씩 던지며, 사람들을 항상 반갑게 맞아 준다면 말이다. 훈련도 그렇게 될 수 있다.

기억해야 할 것은 대부분의 소그룹 리더들은 이미 어느 정도의 훈련 과정을 거친 경험이 있을 것이라는 사실이다. 이 훈련은 아마 지루하게 수많은 정보를 전달하고 많은 유인물을 나누어 주는 식이었을 것이다. 그런 훈련 자료들은 3공 바인더에 꽂혀서 결국은 전에 다른 훈련을 받을 때 받아 두었던 여러 개의 다른 바인더들 옆에 꽂히게 될 뿐이다. 그래서 리더들은 훈련이란 지루한 것이라는 선입견을 갖고 있다.

그러나 은은한 조명이 있고 색종이와 풍선들을 사용해서 실내가 장식된 방에 들어간다고 상상해 보라. 쿠키와 사탕이 책상 위에 가지런히 놓여 있고 가벼운 음료수가 준비되어 있다. 창의적인 방법으로 교육 내용을 설명한다. 강단이나 칠판 대신에, 책상 위에 자료들을 두고 사용하면서 설명한다. OHP와 비디오를 사용해서 설명을 하며, 차트를 한장 한장 넘기면서 혹은 슬라이드를 비추면서 이해를 돕는다. 창조적이고 즐거운 이벤트와 서로 가까워질 수 있는 게임을 한다. 진행자는 열정을 가지고 내용을 전달한다. 이 모든 것들이 감동적이고 동기 부여하는 요소가 됨으로써 참석자들은 "야! 이건 전에 참석했던 훈련들과는 다른데!"라고 말하게 될 것이다.

핵심 질문 : 리더들이 이 훈련을 받음으로써 동기 부여가 되겠는가?

인간관계에 중점을 두고 있는가?
많은 훈련이 교실 학습의 방법을 따라서 이루어진다. 인간관계에 중점을 둔 훈련 방법은 학습자들의 참여를 가장 중요하게 생각한다. 학습자들은 그룹으로 나뉘어서 새로운 기술을 실험해 보고, 다른 사람들로부터 피드백을 받고, 다른 학습자들과 정보를 교환하고, 다른 리더들과 동료로서의 인간관계를 개발해 나갈 수 있다. 그룹을 기반으로 하는 훈련에는 더 많은 노력이 들지만 가치 있는 결과를 얻을 수 있다.

핵심 질문 : 그룹 안에서 상호 작용과 학습이 이루어지고 있는가?

적용 가능한가?
소그룹 리더들이 받는 이 훈련이 그들의 다음 번 그룹 모임에 즉각적으로 적용되어 많은 열매를 맺게 할까? 많은 리더들이 지금 이 순간에 자신이 만나고 있는 문제들에 집중하고 있다는 사실을 기억하라. 대부분의 성인 학습자들이 그렇듯이 그들은 지금부터 8개월 후에 이 훈련이 어떻게 자신들을 도울 수 있는가에는 관심이 없다. 오늘 나의 그룹에서 적용할 수 있는 것이어야 하며 그렇지 않은 것은 자신과 상관없는 훈련이라고 생각할 것이다.

필수 입문 훈련에서 학습자들에게 다양한 기본 훈련들을 제공하는 것은 좋다. 그러나 필수적인 것 몇 가지에만 초점을 맞추어야지, 입문 과정에서 "이것이 당신들이 받을 모든 훈련이다"라고 보따리를 풀어놓으면 그들은 질려버리고 말 것이다.

핵심 질문 : 리더들이 배운 것을 이번 주에 활용할 수 있는가?

삶이 변화되는가?

많은 훈련 과정들은 기술 습득이나 지식의 전달에 중점을 두고 있다. 그러나 훈련의 가장 중요한 목표는 훈련을 받고 난 후 소그룹 리더들의 삶에 변화가 있느냐 없느냐이다. 더 많은 기술과 지식을 얻는 것이 목표가 아니다. 훈련 과정이나 활동들은 소그룹 리더들의 심령을 바꿔 놓아야 하며 그럴 때 그들이 성령의 사역의 도구가 될 수 있는 것이다.

위에 언급한 여섯 가지의 질문들에 긍정적으로 대답할 수 있었다면 삶의 변화에 대한 질문에도 자동적으로 대답할 수 있을 것이다. 다시 말하면, 훈련 과정이 인격적, 성경적, 성장 중심, 감동적, 인간관계 중심, 그리고 적용에 그 초점을 맞추고 있을 때 이 훈련은 삶을 변화시킬 수 있다는 것이다.

훈련자는 훈련받은 소그룹 리더들에게 정말로 어떤 변화가 일어났는지 피드백을 받아야 한다. 이것은 여러 가지 방법으로 측정 가능하다. 첫째, 코치나 감독자가 그룹을 방문해서 그들과 함께 지내면서 리더의 변화된 행동과 태도를 보고 이것이 훈련받은 직접적인 결과로 인한 것인지를 분별할 수 있어야 한다. 둘째, 소그룹 리더들에게 그들이 받은 훈련에 대한 피드백을 구할 수 있다. 이것은 훈련을 받으면서 보이는 즉각적인 반응을 통해 이루어지기도 하고 간단한 질문지나 평가서를 통해 이루어질 수도 있다.

샘플 그룹을 이용하는 것도 도움이 된다. 훈련을 받은 후 몇 개의 샘플 그룹에서 6~8주 정도의 모임을 계획하고 참가자들의 반응을 분석하라. 그 훈련이 어떻게 그룹 생활이나 리더십 등에 영향을 끼쳤는지를 (혹은 끼치지 않았는지를) 나누는 자리를 마련하라. 이렇게 하면 리더들이 배운 자료나 기술들을 어느 정도 자신의 것으로 소화하고 활용할 수 있는가를 점검할 수 있다.

핵심 질문: 본 훈련을 통해서 학습자들의 행동이나 태도에 확실한 변화가 있었는가?

기억해야 할 점

- 각 훈련 시간에 한두 개 정도의 핵심 기술만 가르치라.
- 가능한 한 모든 창조적인 방법들을 동원해서 가르치라.
- 정시에 시작하고 정시에 끝내라.
- 학습자들로부터 피드백을 받으라.
- 적용하기 쉽고 즐기면서 받을 수 있는 훈련이 되게 하라.

이런 지침과 원칙들을 따른다면 수준 높고 효과적인 훈련 과정이 될 것이다.

소그룹 사역 평가

 소그룹 사역의 중간 점검

모든 사역에는 중간 점검을 실시해야 할 시점이 있다. 사역자들은 잠시 숨을 돌리고 "우리의 사역이 정말 효과적인가? 영향력이 있는가? 우리가 정말 하나님께서 주신 자원들을 지혜롭게 잘 관리하고 있는가? 우리 지체들이 그리스도를 점점 더 닮아 가고 있는가? 그분이 우리의 상황에서 행하실 모습대로 우리도 행하고 있는가?"라는 질문들을 해야 한다.

우리 그룹은 어떻게 하고 있는가?

소그룹 구조를 이용해서 지체들을 돌아보고 진리를 전파하며 그리스도의 몸 된 교회에 봉사할 수 있는 사역 체계를 시작하고 개발하기 원한다면, 소그룹의 리더와 구성원들의 성장을 평가할 수 있는 몇 가지 양식을 사용하는 것이 좋을 것이다.

예를 들면 제6부에서 제시한 '목양 계획서'는 윌로크릭에서 개발한 것이다. 이 목양 계획서는 소그룹 리더들의 리더십 계발과 제자훈련을 위해 개발된 것이다. 5G－은혜(Grace), 성장(Growth), 그룹(Group), 은사(Gifts), 선한 청지기의 삶(Good Stewardship)－는 구성원들에게 피드백을 제공할 때의 잣대가 된다. 5G의 각 사항에 대해 "우리 그룹은 _____ 면에서 어떠한가?"라고 자문해 볼 수 있을 것이다. 목양 계획서를 사용해서 분기별로 평가해 보면 그룹의 현황을 한눈에 파악할 수 있으며 그리스도 안에서 지체들의 성장에 대한 피드백을 받을 수 있다. 이 평가는 각 그룹이나 사역 전체를 평가하는 데 사용될 수 있다.

리더들은 어떻게 하고 있는가?

제5부에 '리더십 평가서' 양식이 있다. 교회의 상황에 맞게 독자적으로 양식을 만들 수도 있고 본 양식을 복사해서 사용해도 좋다. 소그룹 리더들을 점검하고 싶다면 다음과 같은 방법을 사용해 보라.

1. 해당 그룹을 1년에 2, 3회 방문해 보라.
2. 그 그룹의 구성원들에게 '리더십 평가서' 양식을 나눠 주고 지신들의 리더를 위해서 의미 있고 건설적인 답변을 하도록 요청하라.
3. 모임을 방문한 결과와 작성된 양식을 통한 피드백을 모아서 리더의 발전 정도와 필요를 평가하라.

평가 및 피드백 과정은 많은 사람들에게 두려운 일이다. 그러나 평가의 목표는 발전이며 비판이 아니라는 것을 주지시키라. 그룹이 자체적으로 이 일을 하게 되면 그 공동체를 세우는 경험이 될 것이다. 리더들은 어떤 면이 잘 되고 있고 어떤 면에 더욱 주의를 기울여야 할지를 알게 되며, 자신의 리더십에 대해 확증을 받기도 하고 도전을 받기도 한다. 리더들은 이 피드백을 가지고 코치들과 토론해야 하며 코치들은 제안과 격려를 해 줄 것이다.

우리 모임은 어떻게 되고 있는가?

윌로크릭에서 사용하는 또 다른 양식은 제5부에 나와 있는 '모임 보고서'이다. 이것도 각 교회가 독자적으로 만들어 사용할 수 있다. 이런 양식을 통해 1개월 또는 사분기별 교회 사역의 전체 현황을 교역자들이 평가할 수 있을 것이다. 소그룹 리더들에게 매월 이 양식을 작성해서 코치에게 제출하게 하라. 이것은 그룹 일지가 되고 그룹의 역사 기록으로 남게 될 것이다. 이 자료만 펼쳐 보아도 그룹 사역이 어떻게 진행되고 있는지 알 수 있다. 수치만으로 모든 것을 다 파악할 수는 없더라도 그룹이 얼마나 건강한가, 그리고 어떻게 진척되고 있는가를 파악하는 데는 중요한 지침이 될 것이다. 또한 '모임 보고서'는 사역의 흐름을 한눈에 볼 수 있게 해 준다. 훈련생들은 충분히 계발되고 있는가? 얼마나 자주 방문자들이 이 소그룹을 찾는가? 얼마나 자주 빈 의자를 활용하여 새로운 사람들을 초대하는가? 모임이 없어진 그룹은 얼마나 되며 왜 그런가?

이와 같은 두 가지 양식을 사용하는 것 외에도 일 년에 한두 번 정도 토론회를 갖는 것도 추천한다. 각 그룹의 구성원 중에서 몇 명씩 대표를 모아서 토론회를 갖고 그들에게서 그룹의 현황을 들으라(이때 교역자가 아닌 사람이 토론을 이끌도록 하라. 사람들은 교역자나 자기 소그룹 리더가 없을 때 자유롭게 마음을 열기 때문이다). 또한 리더나 코치들을 따로 모아서 그들의 의견을 들어 보라. 이들을 통해서 중요한 피드백을 받을 수 있으며, 현실을 정확히 보게 될 것이다. 그룹 안에서 혹은 리더 모임을 통해 골칫거리들을 토론할 기회를 주라. 방어하거나 판단하는 태도를 취하지 말고 들으라. 이해하고 문제를 정확히 파악하는 데 주의를 기울이라.

가장 중요한 것은 소그룹 리더들의 피드백에 의거해 변화나 개선책을 마련하고, 그들에게 그것을 알리는 것이다. 윗사람들은 아랫사람들에게서 어떤 자료나 정보를 수집하고서 그들에게 그것을 어떻게 사용했는지는 말해 주지 않는 경향이 있다. 그 결과 아랫사람들은 자신들이 평가절하되고 있다고 느끼거나 윗사람이 자신들의 입장을 들어주지 않는다고 느끼게 된다. 그러나 그들에게 그들의 의견이 중요하다는 것을 보여 주고 그것이 영향력이 있으며 반영되었다는 것을 알려 준다면, 그들의 존경과 충성심을 얻게 될 것이다. 당신의 소그룹 리더들은 당신에게 완전한 것을 기대하지 않는다. 그러나 그들은 당신이 그들의 이야기를 듣고 있고 그들을 성장시키려고 애쓰고 있다는 것을 알기 원한다.

  이러한 자리들을 마련하지 않는다면 당신은 도대체 당신의 사역이 어떻게 되어 가고 있는지를 알 길이 없다. 모든 것이 그냥 잘돼 가고 있을 거라고 착각하게 될지도 모른다. 그 결과 그룹의 효율성은 점차 떨어지고, 새로운 사람들이 그룹에 연결되지 않으며, 구성원들은 제자화 되지 않고, 악순환이 계속 되며, 성도들의 삶에도 변화가 나타나지 않을 것이다. 궁극적으로 그리스도의 신부인 교회는 적절한 목양을 받지 못하게 된다. 이 모두는 우리가 힘든 질문을 던지기 싫어하며 필요한 변화를 일으키지 않기 때문이다.

자료

 소그룹 사역의 시작에 대해 자주 묻는 질문들

Q__소그룹 사역을 시작하는 데 소요되는 경비는 어느 정도인가?

A__교회 전체를 소그룹 중심으로 세우느냐, 아니면 기존의 프로그램에 소그룹 사역을 더하기만 하느냐에 따라 다르다. 윌로크릭이 얻었던 교훈 중 하나는 전 교회의 상당한 자원을 소그룹 훈련, 개발, 성장 등에 투입했을 때 그 투자 가치가 있었다는 것이다. 생명력 있는 소그룹 사역을 세우기 위해서는 교회의 예산이나 직원 채용, 또는 지원 시스템 등이 상당 부분 동반되어야 할 것이다.

Q__소그룹 사역이 완전히 정착되기까지 얼마의 시간이 걸리는가?

A__모든 사람들이 소속될 그룹을 찾고 사랑의 목자에게 연결될 때까지 기다려야 할 것이다. 그리고 그것이 얼마나 긴 시간인지는 오직 하나님만이 아신다.

참고도서

『소그룹 중심의 교회를 세우라』, 빌 도나휴 · 러스 모빈슨 공저, 국제제자훈련원 출간 예정
전반적인 소그룹 전략을 시작하고 발전시키는 데 필요한 주요 단계들을 다룬다.

『The Change Agent』(변화 실행자, Lyle Schaller, Abingon)
교회의 변화에 관한 전반을 다루는 고전이다. 대 변혁을 진지하게 고려하고 있는 사람이라면 필독해야 할 책이다.

『다가오는 교회혁명 이렇게 대비하라』, 칼 조지, 요단
변화와 실행에 관한 장들은 새롭게 소그룹 사역을 발전시키려 할 때 귀중한 자료로 활용 할 수 있을 것이다.

『소그룹 사역을 망치는 7가지 실수』, 빌 도나휴 · 러스 로빈슨 공저, 국제제자훈련원
소그룹 사역에 대한 문제 해결 안내서인 이 책은 당신이 소그룹 사역을 세우려 할 때 대면하게 되는 7가지 주요 장애물들을 진단하고, 앞으로 전진하는 데 필요한 도구들과 자원들을 제공한다.

국제제자훈련원은 건강한 교회를 꿈꾸는 목회의 동반자로서 제자 삼는 사역을 중심으로
성경적 목회 모델을 제시함으로 세계 교회를 섬기는 전문 사역 기관입니다.

윌로크릭교회 소그룹 이야기

삶을 변화시키는 소그룹 인도법

초판 1쇄 발행 1997년 8월 20일
개정판 1쇄 발행 2004년 7월 2일
개정판 37쇄(45쇄) 발행 2025년 11월 13일

지은이 빌 도나휴와 윌로크릭 소그룹 사역 부서
옮긴이 김주성

펴낸이 오정현
펴낸곳 국제제자훈련원
등록번호 제2013-000170호(2013년 9월 25일)
주소 서울시 서초구 효령로68길 98(서초동)
전화 02)3489-4300 **팩스** 02)3489-4329
이메일 dmipress@sarang.org

ISBN 978-89-5731-029-0 03230   Printed in Korea.

※ 책값은 뒤표지에 있습니다. 잘못된 책은 구입하신 곳에서 교환해드립니다.